Poesía completa

La colección Afrolatinoamericana de Almenara acoge estudios contemporáneos sobre la presencia cultural de África en América Latina y viceversa. El catálogo se completa con el rescate de obras esenciales para la cultura afrolatinoamericana en las Américas y de estudios críticos que documentan su lugar en la historia intelectual latinoamericana.

Poesía completa
Edición, estudio introductorio y apéndices
documentales de Amauri Gutiérrez Coto

Cristina Ayala

(Pseudónimo de María Cristina Fraga, 1856-1936)

Almenara

CONSEJO EDITORIAL

María Isabel Alfonso
Luisa Campuzano
Stephanie Decante
Gabriel Giorgi
Gustavo Guerrero
Francisco Morán

Waldo Pérez Cino
Juan Carlos Quintero Herencia
José Ramón Ruisánchez
Julio Ramos
Enrico Mario Santí

© Almenara, 2025

www.almenarapress.com
info@almenarapress.com

Gainesville, Fl.

ISBN 978-1-966932-12-3

Imagen de cubierta: Phillip Miller, *circa* 1752. Wellcome collection.

All rights reserved. Without limiting the rights under copyright reserved above, no part of this book may be reproduced, stored in or introduced into a retrieval system, or transmitted, in any form or by any means (electronic, mechanical, photocopying, recording or otherwise) without the written permission of both the copyright owner and the author of the book.

AMAURI GUTIÉRREZ COTO
OTRAS ESTRATEGIAS DISCURSIVAS PARA EL CAMBIO DE SIGLO
    Una experiencia educativa y un proyecto editorial 11
    El cambio de siglo para el Caribe hispano 12
    Orígenes de una genealogía 15
    La crítica frente a la obra de Ayala 18
    Identidad y clase social 19
    Discontinuidades en la escritura afrodescendiente 22
    Memoria de la experiencia afrodescendiente 24
    Autoimagen 31
    Mujer poeta afrodescendiente 32

CRISTINA AYALA
OFRENDAS MAYABEQUINAS

CANTOS VARIOS
    Al valle de Güines 39
    A las víctimas de Andalucía 41
    A mi raza 43
    Redención 46
    Pensamientos 47
    Una rosa para después del baile 49
    El arroyuelo y la flor 50
    Lamento del alma 55
    No lo podrán 56
    A la autora matinal 57
    El día de año nuevo 60
    La fatalidad 62
    La fuente a la catarata 63
    A una nube 64
    Al mar 66
    Mi única aspiración 69
    En el arroyo 70
    Mis discípulos 78
    Lo que yo quisiera ser 79
    La Noche Buena 81

COLECCIÓN DE SONETOS
    A la srta. Irene Rodríguez 87
    En los natales de una amiga 88
    Fe y esperanza 89
    Mi retrato 90
    A la srta. Natalia Domínguez de Martínez en su natal 91
    ¡En el cielo! 92
    ¡A qué costa! 93
    La idea 94
    Episodios de la antigua Roma 95

El gladiador sublevado 96
Ante el retrato de un amigo literato 97
A una amiga 98
Un año más. 99
Un Grande 100
Feliz aniversario 101
Ante el retrato de una desconocida 102
El tercer aniversario de *Albores* 103
Contrastes de la vida 104

Homenajes de admiración y gratitud

Corona al genio 107
Contestación I 111
A mi querida amiguita R. P. 114
Gratitud. 115
Contestación II 116
Décimas glosadas, dedicadas a un amigo 118
Contestación III 120
Mis encargos 122
Décimas glosadas 124
En la palestra. 126
Mi saludo para *Apolo* 129
Mi ofrenda 130
Al genial maestro de música sr. Miguel Rojas. 131
Mi auto-felicitación 133
A Julita Trujillo 134
Al culto periodista Ramón Vasconcelos 136
Sr. Ernesto Fernández Arrondo. 137
Contestación IV 139
Canto de gratitud 141
Srta. María Regla Valdés y Cárdenas. 143
Un nuevo año 145
Canto a la raza española 147

Elegías

Recuerdo venerado 155

    Soneto 157
    Flores para ultratumba 158
    Mi flor. 160
    Sr. Miguel Cualba. A mi distinguido amigo 163
    Sr. José Trujillo y Armas 166
    Rodolfo Fernández 169
    Sr. Emilio Roger y Calle, en la sentida muerte 171
    Sr. Don Nicolás García Pérez 173
    Al Mismo. 174
    Agapito Méndez. 175
    Sr. Antonio Valdés Voces 177
    Dr. Raimundo Cabrera. 178
    Mario Díaz Roque. 180
    Sr. Pedro Rojas Rodríguez 181

PÁGINAS ROMÁNTICAS
    A un amiguito, en sus penas amorosas 185
    ¡Sin corazón! 186
    Tristezas. 187
    El niño muerto. 189
    La quimera 191
    ¡Más allá! 191

MUSA FESTIVA 195
    Décimas jocosas 197
    A un físico establecimiento. 199
    Contestación al físico 201
    Carta festiva al Sr. Antonio Valdés. 203
    En la brecha 204
    La moratoria y las elecciones. 206
    Ayer y hoy. 208

CANTOS ESCOLARES
    Canto al café 213
    A la palma. 214
    La escuela. 217

OBSEQUIOS A *LETRAS GÜINERAS*
   Obsequios ofrecidos a *Letras Güineras* 223
   Letras Güineras 224
   Para *Letras Güineras* 225
   A *Letras Güineras* 227
   Letras Güineras 228
   A *Letras Güineras* 229
   Letras Güineras 230
   Otro aniversario 231
   Para *Letras Güineras* 232

CANTOS RELIGIOSOS
   Plegaria ante Cristo crucificado 235
   A nuestro glorioso patrono San Julián 236
   Himno a María al pie de la cruz 237
   A la Santísima Virgen María .239
   En la pasión y muerte de Nuestro Señor Jesucristo 240
   Aún canta 243

APÉNDICES
   Dedicatoria a la primera edición de
   Ofrendas mayabequinas, de Cristina Ayala 249
   «Me adhiero», de Cristina Ayala 250
   Carta dirigida a Juan Gualberto Gómez, de Cristina Ayala . 251
   Prólogo a la primera edición de *Ofrendas mayabequinas*,
   de Valentín Cuesta Jiménez 253
   A la culta poetisa srita. Cristina Ayala, de Vicente Silveira . 257

BIBLIOGRAFÍA 261

Otras estrategias discursivas para el cambio de siglo

Una experiencia educativa y un proyecto editorial

Desde hace ya varios años vengo impartiendo en Lafayette College un curso sobre los autores afrodescendientes del Caribe hispano, con énfasis en el siglo XIX. Si bien la enseñanza universitaria se centra en la cultura afrocaribeña o afrolatinoamericana y en aquellos autores que la abordan temáticamente más allá de la validez identitaria de su voz autoral, no siempre afrodescendiente, yo he decidido centrarme de manera exclusiva en las voces subalternas de la propia escritura afrodescendiente[1]. El siglo XIX ha sido blanqueado por la historiografía literaria y solo recordamos aquellas voces afrodescendientes que ese canon ha legitimado. La mayoría de las voces afrodescendientes han sido silenciadas bajo ese arquetipo historiográfico en nombre de un supuesto criterio de calidad literaria, algo que resulta difícil de validar cuando la obra de esos escritores afrodescendientes no se encuentra disponible fuera de los archivos y es conocida solo por los pocos especialistas que han tenido acceso a ella.

Lo anterior me llevó a editar las *Poesías completas* (2019) de Ambrosio Echemendía y luego a la trilogía *Canon, historia y archivo* —cuyo primer volumen se publicó en 2024—, que se ocupa de la segunda promoción de escritores afrodescendientes

---

[1] Ese nuevo espacio de aprendizaje, con un *syllabus* diseñado según ese criterio, ha propiciado cursos centrados en las relaciones y mecanismos de poder en la cultura hispánica en general.

del siglo XIX cubano. Esos trabajos han encontrado su espacio en la colección Afrolatinoamericana de Almenara; precisamente como parte de ese empeño editorial aparece hoy la *Poesía completa* de Cristina Ayala. La presente edición quiere celebrar el centenario de la publicación de su primera y única colección de versos, *Ofrendas Mayabequinas* (1926), y situar en su justa dimensión y alcance la poesía de Ayala. En parte por esto último, y en parte porque la propia autora compiló toda su obra conocida en la edición de 1926, se ha preferido titular la presente edición como *Poesía completa*.

El cambio de siglo para el Caribe hispano

La publicación del presente volumen extiende en varios sentidos mi investigación acerca de la escritura afrodescendiente en el siglo XIX de Cuba y el Caribe hacia el complejo punto del cambio de siglo, previsiblemente marcado por la Guerra Hispano-cubano-estadounidense, iniciada en 1895, y en la cual intervienen los Estados Unidos en 1898. Si bien el conflicto bélico no afectó sustancialmente el Caribe de habla no hispana, tuvo un impacto enorme en los destinos políticos de Puerto Rico y Cuba, y en consecuencia, también sobre las comunidades afrodescendientes de la diáspora africana en el Caribe hispano. No hay que perder de vista que la escritura afrodescendiente en el Caribe hispano tenía ya una larga tradición identitaria en Puerto Rico y Cuba; basta revisar el volumen *Literatura puertorriqueña negra del siglo XIX escrita por negros*, de José Ramos Perea, o mi propia trilogía *Canon, historia y archivo*. La Guerra de 1895 se organizó bajo el liderazgo ideológico y estratégico de José Martí, y contó con el soporte económico de las comunidades de exiliados cubanos en los Estados Unidos, cuyo centro se encontraba en la industria tabacalera de ciudades de la Florida como Tampa y Jacksonville. Una buena parte de los líderes de esas comunidades eran intelectuales y destacados sindicalistas de esa misma diáspora africana del Caribe hispano.

En el caso cubano, esa tercera promoción de autores afrodescendientes se caracterizó por crecer bajo el influjo cultural de la segunda promoción y con el ideal vivo de la primera promoción de autores, que tiene su paradigma referencial en el binomio Plácido-Manzano. Este grupo de intelectuales de la tercera promoción protagonizó en buena medida junto a Martí la preparación de la guerra necesaria y vio luego sus aspiraciones políticas frustradas, cuando las élites hispanodescendientes se fueron apoderando poco a poco de las instituciones civiles y políticas del nuevo Estado-nación que devino Cuba. Fue, además, la misma generación que contempló la ocupación de Puerto Rico por parte de los Estados Unidos y que vio frustrado su proyecto independentista para la isla caribeña. La escritura afrodescendiente del cambio del siglo XIX al XX se vio, por lo tanto, inmersa e involucrada en ese periodo de sueños, ideales y proyectos sociopolíticos que terminaron en su mayor parte frustrados: este, como no podía ser menos, será uno de los elementos distintivos claves que definen a esta tercera promoción. Si la segunda promoción de escritores afrodescendientes se había centrado en la abolición de la esclavitud —y había sido leída, con mayor o menos justicia, desde ese *desideratum*— como su principal tema político[2], la tercera abrazó de manera definitiva la causa de la independencia de Cuba y Puerto Rico.

La Guerra de 1895 produjo un fuerte enfrentamiento social entre el cubano criollo y el español que residía o era propietario en Cuba. Si bien se respetaron las propiedades de los peninsulares

---

[2] Si bien hubo autores de la segunda promoción que dieron su vida en el campo de batalla durante la Guerra de Cuba en 1895 (Manuel Roblejo y Juan Antonio Frías), el paradigma de la postura política de esa promoción lo define Medina y Céspedes con su rol en la Sociedad Abolicionista de Madrid.

residentes en la isla después del conflicto, en muchas ocasiones ese enfrentamiento afectó la estructura interna de muchas familias y trajo consigo la necesidad de una reconciliación nacional. Conocidos son los sucesos de la famosa imagen del Niño Jesús de Praga, que venía de España en el único barco que consiguió romper el bloqueo naval norteamericano durante la guerra. Esa imagen católica se convirtió en símbolo de las sociedades españolas en Cuba, que se reunían luego, ya establecida la República, para celebrar el Día de la Hispanidad —12 de octubre— bajo su advocación. Más allá de la anécdota histórica, esto ilustra la fractura social e identitaria que había dejado la guerra entre españoles peninsulares y criollos y la necesidad de nuevas articulaciones nacionales.

Un texto típico de la escritura afrodescendiente del cambio de siglo es el poema «A las víctimas de Andalucía», que, si bien fue escrito con anterioridad a los sucesos de 1895, refleja precisamente la necesidad de reconciliación y perdón a nivel humano entre la población española residente en la isla y los criollos cubanos que deseaban la independencia. Hay reminiscencias en él de aquel poema de la bailarina española —por su descripción cabría decir andaluza— de José Martí, que llega «soberbia y pálida» mientras él asiste al espectáculo, gracias a que han retirado la bandera española: «Han hecho bien en quitar / El banderón de la acera; / Porque si está la bandera, / No sé, yo no puedo entrar». Recuerda también el verso sencillo «para Aragón en España / tengo yo en mi corazón». La escritura afrodescendiente está inevitablemente conectada con el espíritu y la problemática de la sociedad cubana, abocada entonces a la Guerra de 1895.

No es casual que el intelectual afrodescendiente de esa misma tercera promoción Rafael Serra fundara y dirigiera la publicación seriada *La doctrina de Martí* (1896-1901), una revista en formato de periódico iniciada en el exilio de Nueva York y trasladada luego a La Habana. Frente al trauma de la Guerra que separó la estructura social y la familia, aparece en la escritura afrodescendiente el mismo discurso de reconciliación nacional que se puede hallar en la obra martiana.

Orígenes de una genealogía

La presente introducción asume como imperativo una reconstrucción de lo que conocemos de manera parcial acerca de la genealogía de la escritura afrodescendiente en el Caribe hispano. La presencia de Ayala es esencial para establecer una cronología de la escritura femenina de la comunidad afrodescendiente en ese ámbito. Hasta el momento actual la diferencia generacional entre la dominicana Salomé Ureña (1850-1897) y el nacimiento de la boricua Julia de Burgos (1914-1953) dejaba un vacío en el cambio de siglo, que precisamente vendría a llenar la cubana Cristina Ayala (1856-1936). Eso no significa que no exista una escritura femenina anterior a Ureña, pero estas tres figuras de primera línea marcan la continuidad de la escritura femenina afrodescendiente en el Caribe hispano.

Si seguimos la periodización de la escritura afrodescendiente propuesta en el primer volumen de *Canon, historia y archivo* (2024), entre los antecedentes a esta tradición continuada, es necesario mencionar la primera promoción de autores Juana Pastor, perteneciente a la primera promoción del siglo XIX, y a María Cristobalina Consuegra (1828-1903), quien publicó su poemario *Rumores del Yayabo* en 1873, lo cual la ubica en la segunda promoción decimonónica. De la misma manera que hoy se edita la obra completa de Cristina Ayala, urge dar a conocer la obra de Consuegra en un futuro cercano.

Por lo tanto, dentro de Cuba, la tradición continuada de la escritura femenina es anterior a la aparición de la primera autora conocida hasta el momento en República Dominicana. Y digo «hasta el momento» porque la falta de trabajo de archivo en el tema de la intelectualidad femenina afrocaribeña es enorme. Un fresco aparte en la carencia de trabajo de archivo es el artículo del investigador Jorge Camacho, quien a partir de unos documentos del Archivo Nacional de Cuba proporcionados por Michael Zeuske concluye que la voz autoral de dos de los poemas encontrados pertenece a una mujer esclava (Camacho 2022). Subrayo la anterior contribución porque viene a demostrar la necesidad de un trabajo de archivo más profundo con relación a la escritura afrodescendiente en general, y más en particular la femenina.

Dentro de la propia comunidad abolicionista en Cuba existía avidez por encontrar y representar la voz autoral femenina de una mujer esclava. Esa necesidad de la agenda abolicionista llevó al periódico *El Siglo* a darle voz a una mujer supuestamente llamada Amalia Gutiérrez, que sería una poeta esclava[3] (Tinajero 2006: 175). Gutiérrez parecía llenar el vacío de la voz femenina en una escritura donde ya se celebraban las voces de figuras como Ambrosio Echemendía y Manuel Roblejo. Pero con posterioridad Rosa Prado reclamó para sí la autoría de aquel poema antes atribuido a Amalia Gutiérrez[4]. Esto ilustra la conciencia comunitaria sobre la carencia de voces de autoras afrodescendientes, si bien tampoco hay que olvidar que para la agenda abolicionista el escritor afrodescendiente solo ofrecía un valor simbólico, en tanto instrumento de propaganda para la causa; su valor literario o estético era por lo general ignorado o quedaba en segundo plano.

Cristina Ayala se inserta como la voz femenina central de la tercera promoción de escritores afrodescendientes en Cuba y fue, junto a Salomé Ureña en la República Dominicana, parte del

---

[3] Gutiérrez, Amalia (1866): «Una poetisa». En *El Siglo*, 7 de abril: 3.
[4] Prado, Rosa (1866): «Hurto literario». En *El Siglo*, 11 de abril: 3.

dueto más conocido de autoras decimonónicas afrodescendientes del Caribe hispano. Si bien ambas tuvieron en común la poesía y su profesión de maestras, hay grandes diferencias entre ellas en cuanto a extracción social. Ureña fue la esposa de un político de renombre y su familia tenía la legitimidad intelectual de una clase social acomodada. Ayala nunca se casó y fue esclava durante el período de ocupación colonial; con la República estudió y se preparó para concursar como maestra pública, como testimonia la carta que dirige a Juan Gualberto Gómez, incluida en los apéndices de este volumen.

Por otro lado, Ureña muere relativamente joven, de modo que no llegó a ver la intervención de los Estados Unidos en la guerra. Como mujer de la intelectualidad dominicana, tanto ella como su esposo debieron estar al tanto de los preparativos de la Guerra de 1895, encabezados por el militar dominicano Máximo Gómez; no olvidemos que los líderes políticos y militares del conflicto armado arribaron a Cuba procedentes de República Dominicana. Por eso, si aplicáramos a Ureña el esquema de las tres promociones decimonónicas que desarrollé en el primer volumen de *Canon, historia y archivo* (2024), podría considerársela más bien una figura de la segunda promoción de escritores afrodescendientes del Caribe hispano. Este último aspecto marcaría otra diferencia con Ayala, una autora típica de la tercera promoción y el cambio de siglo. Todo esto hace de Ayala una voz femenina única dentro del contexto de la escritura afrodescendiente del Caribe hispano.

La obra de Ayala revela también por primera vez la presencia de una conciencia femenina transcaribeña, algo que no existió en sus predecesoras; precisamente esa conciencia sirve de punto conector con Burgos, para quien el Caribe entero era parte de su ser neoyorkino. Véase por ejemplo el texto de Ayala «Décimas glosadas», donde reacciona frente al célebre poema de Lola Rodríguez Tió sobre Cuba y Puerto Rico como una misma construcción identitaria en lo nacional. Las dos islas, como dos mujeres, son «hermanas en heroísmo» que han compartido el mismo enemigo: «verás que, por negro arcano, / ¡nos hirió la misma mano / *sobre el mismo corazón!*». No queda claro a qué mano se refiere: si a la mano que truncó la independencia definitiva de Puerto Rico o a la mano que ejerció el poder colonial sobre su territorio. Pero en cualquier lectura posible de este texto, Ayala reconoce el carácter transcaribeño del destino político de las islas como *telos* integrado.

Desde el punto de vista de la escritura femenina del Caribe hispano, la figura que sigue a Ureña y Ayala es Julia de Burgos, que llevará la voz femenina afrodescendiente al centro mismo del canon literario de la vanguardia en Hispanoamérica, lo cual le aseguró a su obra un sitio dentro del canon caribeño e hispánico.

La crítica frente a la obra de Ayala

Cuando se habla de la recepción crítica de la obra de Ayala debemos referirnos a la recepción de su escritura por la propia comunidad afrodescendiente durante el periodo republicano y al rescate iniciado en fecha reciente por parte de investigadoras en los Estados Unidos y Europa. Como sería de esperar, su obra ha sido excluida en términos generales de los discursos nacionales y aparece reducida a un fenómeno local. La crítica alrededor de la autora se centra en su participación en la revista *Minerva* y su posición en el conjunto de la intelectualidad afrodescendiente cubana.

Con relación a estudios en los cuales Ayala es el tópico central o uno de ellos, la profesora Monique-Adelle Callahan fue la primera en establecer paralelos entre la escritura de Ayala y la escritora afroestadounidense Francis Harper. Unos años después, la profesora Aguilar Dornelles se centró en Ayala con un artículo (2016) que contextualizaba su rol intelectual, y en una ponencia de 2018 analizó su relevancia para la educación a principios del siglo XX. Por último, en un ensayo escrito para la Biblioteca Nacional de Colombia (2020), se ocupó de los detalles del programa social de la poeta.

Identidad y clase social

La crítica especializada ha comentado varias veces el programa social y político de Ayala, que se destacaba por privilegiar la educación de la población afrodescendiente en poemas anteriores y posteriores a 1902. Pero me gustaría detenerme en un aspecto especialmente pertinente de ese programa y que, a mi juicio, lo define. Se trata de la inserción en el complejo rizoma identitario nacional de la comunidad afrodescendiente, en tanto parte esencial del mismo a todas las escalas sociales, políticas y culturales. No hay que perder de vista que se trata de un contexto en que las ideas socialistas y sindicales habían prendido, ya desde el siglo XIX, en intelectuales afrodescendientes o cubanodescendientes de una segunda diáspora: son los casos de Pablo Lafargue o Severiano de Heredia, por solo citar un par de ejemplos. Las ideas socialistas francesas estaban presentes en la revista *Mulato*, publicada por cubanos en Nueva York. Políticos como Martín Morúa Delgado, Juan Gualberto Gómez, Rafael Serra, Evaristo Estenoz y Gregorio Surin estaban conscientes del secuestro del joven Estado-nación de 1902 por parte de la misma élite hispanodescendiente que estuvo aliada al poder colonial español. Fue por eso que algunos de los políticos mencionados optaron por organizar el Partido de los Independientes de Color, a fin de consolidar y unificar las fuerzas de la comunidad afrodescendiente —si bien no hubo un acuerdo unánime en esa solución, como lo refleja la Enmienda Morrúa, que se opuso a la creación del Partido.

La Guerra de 1912 entre los partidarios del Partido de los Independientes de Color y el Estado cubano fue quizás una de las más sangrientas guerras civiles en Cuba durante la primera mitad del siglo XX. El conflicto bélico fue además otro golpe al delicado complejo social e identitario de la sociedad cubana, al enfrentar una parte de la comunidad afrodescendiente con un estado mayoritariamente hispanodescendiente. Por lo tanto, no es de extrañar que en la escritura afrodescendiente del cambio de siglo se mantuviera por mucho más tiempo el tema de la reconciliación nacional y del rescate de las identidades sociales. Si bien en la escritura hispanodescendiente ese tema se trata en autores canónicos como José Martí a propósito de la Guerra de 1895, en el caso de la escritura afrodescendiente su tratamiento se extiende hasta bien entrado el siglo XX a causa de los horrores de la Guerra Civil de 1912.

La escritura de Ayala no es excepción dentro del conjunto de la poesía afrodescendiente del cambio de siglo. Dentro de este contexto discursivo se inserta «Canto a la raza española», dedicado a la colonia española de Güines y compuesto en 1924, donde reconoce que España es también la raza de sus «progenitores». Ayala pasa de afirmarse como afrodescendiente a celebrar su condición mestiza como parte de los discursos de reconciliación de las identidades sociales presentes en su propia comunidad. Unos años después se publicará en el *Diario de la Marina* la serie de poemas «Motivos de son» de Nicolás Guillén, donde se reivindicará la identidad mezclada mulata como paradigma identitario de la comunidad afrodescendiente. De alguna manera, el giro que he llamado orto-guilleniano en el primer volumen de *Canon, historia y archivo* (2024) es una consecuencia teorizada de las estrategias escriturales de la comunidad afrodescendiente del cambio de siglo en Cuba. El clamor birracial de Ayala se convierte en poesía mestiza en Guillén como parte de la misma estrategia escritural afrodescendiente que reformula la siguiente promoción.

Como se puede apreciar, he tratado de trazar un arco entre los poemas «A las víctimas de Andalucía», de 1885, y «Canto a la raza española», de 1924. El análisis discursivo y contextual de esos dos textos permite explicar por qué en cierto punto la escritura afrodescendiente y la hispanodescendiente pudieron converger temáticamente. A medida que se consolidó la ideología del Partido de los Independientes de Color (1908-1912) esa convergencia se bifurcó en dos estrategias discursivas que responden a dos maneras de interpretar el concepto de Estado-nación a nivel identitario. Como defiende *Canon, historia y archivo* (2024), resulta necesario relacionar las estrategias discursivas con la historia y el contexto de la propia comunidad afrodescendiente.

Otro aspecto nada despreciable de la escritura de Ayala se relaciona con su cambio de conciencia social. Como se ha dicho, la comunidad afrodescendiente estuvo vinculada a las ideas socialistas y sindicales de finales del siglo XIX y principios del XX. Desde el punto de vista de la conciencia social, Ayala transita desde una comprensión del racismo como causa de la aporofobia en su citadísimo poema «Mi raza» (1888) a una comprensión de las diferencias de clase social y la desigualdad en la distribución de la riqueza en un poema como «La noche buena» (1924). Ese giro respecto a su manera de entender la aporofobia es otra de las estrategias del discurso afrodescendiente que me gustaría subrayar, y que se refuerza por el modelo orto-guilleniano a partir de 1930.

En un primer momento y todavía dentro del contexto colonial cubano, Ayala entiende la aporofobia como resultado de una condición racial estigmatizada por una sociedad que mercantiliza el cuerpo del sujeto afrodescendiente. La poeta se muestra llena de esperanza en un futuro transformado por la educación, para reconocer años más tarde que la mercantilización del sujeto es la que engendra la discriminación y marginación del pobre. Si habíamos seguido la continuidad entre «A las víctimas de Andalucía» (1885) y «Canto a la raza española» (1924), ahora solo podemos identificar una ruptura que refleja la pérdida de esperanzas y expectativas de futuro: primero en el proyecto postesclavista de la Cuba colonial y después en el proyecto de aquel Estado-nación de 1902, que le falla a la comunidad afrodescendiente y de hecho la enfrenta en la Guerra Civil de 1912. Esta tercera promoción de autores del cambio de siglo transita por una decepción tras otra.

Estos contrastes ponen de relieve el núcleo fundamental de la escritura afrodescendiente de finales del siglo XIX y principios del XX, que se extiende a los autores de la tercera promoción decimonónica en Cuba (Gutiérrez Coto 2024): la fidelidad a los temas y problemas de la comunidad afrodescendiente. Lo anterior lleva a estos autores a mantener tópicos como la reconciliación identitaria entre hispanodescendientes y cubanodescendientes como parte de sus estrategias, pero al mismo tiempo cambia su percepción y tratamiento de la clase social.

Discontinuidades en la escritura afrodescendiente

Debo señalar que, si bien he ido anotando varias convergencias entre las estrategias escriturales de Ayala y Guillén, eso no significa que hubiera necesariamente entre las dos promociones que ambos representan una continuidad sin paréntesis. Si Ayala pertenece a la tercera promoción decimonónica, Guillén es la figura central de la segunda promoción del siglo XX. ¿Qué ocurre entonces entre Ayala y Guillén, y de manera simultánea a ellos? O dicho de otra manera, ¿qué definiría a la primera promoción de autores afrodescendientes del siglo XX?

La fidelidad a los temas y problemas de la comunidad afrodescendiente se diluye en esa primera promoción de escritores del siglo XX. Se trata de autores comprometidos estéticamente con un modernismo más cercano al Rubén Darío de *Azul* que a José Martí en *Versos libres*. Sin volver a la ya gastada polémica sobre el modernismo y sus orígenes, la última promoción de autores afrodescendientes del siglo XIX y hasta el cambio de siglo es fiel a una escritura que se aproxima más a la de Martí y se aleja del preciosismo de Darío. Sin embargo, Regino Boti Barreiro y José Manuel Poveda, autores de la primera promoción afrodescendiente del siglo XX, se identifican plenamente con la estética dariana de *Azul*.

No hay que perder de vista que Boti y Poveda son autores que no sufrieron de primera mano la Guerra de 1895; al primero su familia lo había enviado a estudiar a Barcelona y al segundo a Santo Domingo. Los dos pertenecen a familias de clase social acomodada de la región oriental de Cuba. Ambos dejaron una obra poética rica en novedades métricas y estilísticas, que se podría considerar entre lo mejor del modernismo hispanoamericano. ¿Representan estos dos autores afrodescendientes a una promoción que encarna una discontinuidad con la escritura afrodescendiente anterior y posterior a ellos? ¿O solo se trata de una nueva estrategia escritural de la comunidad afrodescendiente, que recurre al modernismo y su establecida agenda estética como un instrumento propio? Si bien se trata de cuestiones interesantes, nos apartan un poco de lo que nos ocupa, que es la obra de Ayala. Pero son preguntas que vienen a cuento, porque después de la aparición de una obra ya clásica como *Black aliveness or a poetics of being* (2021) de Kevin Quashie se ha venido notando cierta tendencia a establecer una lectura crítica de la escritura afrodescendiente como un *continuum* que la unifica y articula. No obstante, si bien la poética del ser propuesta por Quashie ofrece un repertorio de estrategias discursivas unificadoras de un corpus específico de autores, también se detiene en lo continuo y discontinuo, en lo autónomo y lo heterónomo del corpus estudiado. De modo que si seguimos la propuesta metodológica de la poética del ser se debería analizar cada aspecto de la experiencia estética de esa vida a la que nos enfrentamos, sin pretender uniformidades que supongan un reduccionismo de la producción literaria y artística de la comunidad afrodescendiente. En este último sentido, Quashie es un ejemplo nítido de su propia propuesta metodológica al evitar cuidadosamente cualquier reduccionismo.

Pero volvamos a la discontinuidad entre Ayala (tercera promoción del XIX) y Boti-Poveda (primera promoción del XX), que se repetirá nuevamente entre estos últimos y Guillén (segunda promoción del XX). Como hemos visto por los poemas analizados, esas discontinuidades previas se resuelven cuando es posible conectar la estética de Ayala con la de Guillén. Pero eso no significa que la misma Ayala no se haya posicionado frente al modernismo de Darío; en su poema «La fuente a la catarata», la poeta se reconoce instrumento divino, lo cual la anularía en tanto creador: si Dios es el auténtico creador, ella quedaría reducida a una simple herramienta. Esa lógica pondría incluso en cuestión incluso la antropología teológica veterotestamentaria, según la cual Dios hizo al ser humano a su imagen y semejanza —y por consiguiente, si Dios es creador, también el ser humano a imagen y semejanza suya—. Ayala reconoce al poeta modernista como el lienzo donde la omnipotencia de Dios fue dibujada; el poeta modernista sería la obra de arte en sí misma, y en cambio ella solo un instrumento para que Dios haga arte. El poema se convierte en una sucesión de paralelismos y contrastes entre el yo de la poeta Ayala y el tú del poeta modernista. De modo que puede afirmarse que Ayala, al menos en este poema, tuvo un posicionamiento claro frente a la estética preciosista del modernismo *à la* Darío de

Azul. Guillén, en cambio, como otros autores de su promoción, tuvo su momento modernista con su primer poemario, *Cerebro y corazón*, que no publicó hasta el final de su vida, cuando ya era un poeta canónico de reconocimiento internacional.

Memoria de la experiencia afrodescendiente

Cinco poemas que la crítica ha pasado por alto dentro de la obra de Ayala son «Episodios de la antigua Roma» (1907), «Gladiador sublevado» (1907), «Corona al genio» (1898), «Contestación I» (1906) y «Mi flor» (1909, 1911). Los dos primeros están fechados por la autora en el mismo año, junto antes de la fundación del Partido Independientes de Color en 1908. El ideario del Partido esencialmente se centraba en las necesidades de la clase trabajadora y en mejoras de sus condiciones laborales. En ese contexto de discusión previo a su fundación, las clases sociales menos favorecidas se sentían abandonadas por el nuevo Estado-nación de 1902. Y es precisamente el momento en que Ayala se centra en rescatar la memoria histórica de la comunidad afrodescendiente durante la dominación colonial a través de los cinco poemas mencionados. Los dos primeros tematizan la experiencia del ser humano esclavizado y el tercero la de los afrodescendientes libres. Responden, todos, a la necesidad interna de la comunidad de traer a la memoria de los más jóvenes y de la sociedad en general la presencia viva del trauma comunitario bajo el poder colonial. Poco o nada se habla de los efectos psicológicos y antropológicos de la esclavitud en los individuos que la padecieron. Mucho, en cambio, se ha escrito sobre los efectos sociales de ese sistema político y social basado en la opresión de las libertades humanas.

La reconstrucción de la memoria histórica del esclavo realizada por Ayala se centra en su efecto psicológico sobre el ser humano. El símil entre el sujeto esclavo cubano y el sujeto esclavo durante el esplendor de la Roma imperial supone en sí mismo una crítica a las instituciones políticas y sociales de Occidente, herederas en buena medida del sistema legal romano y su idea de la justicia. Y entre todos los roles del esclavo en la sociedad romana, no es casual que sea la figura del gladiador la seleccionada por Ayala para su reconstrucción de la memoria histórica de la esclavitud. ¿Por qué no hablar de su propia experiencia en primera persona? En mi opinión, se trata de una estrategia escritural que se propone rescatar la memoria sin que eso signifique un problema para los intentos de reconciliación dentro de las identidades de herencia en Cuba, algo que ya discutíamos al comentar los poemas «A las víctimas de Andalucía» (1885) y «Canto a la raza española» (1924). Por otro lado, esa identificación de la aporofobia con la condición de clase social, referida en el poema «La noche buena», se conecta ideológicamente con la propuesta del Partido Independientes de Color y con las ideas socialistas y sindicales que ya circulaban en la comunidad afrodescendiente cubana del exilio, en ciudades como Tampa y Nueva York.

Por otro lado, la elección del esclavo romano para representar al cubano implica una denuncia de la esclavitud como fenómeno asociado a los cimientos de lo que la sociedad occidental entiende por civilización: la selección misma de Ayala vendría a cuestionar ese estatus civilizatorio de Occidente. Aquí, y puestos ante la antinomia de civilización y barbarie del romanticismo literario hispanoamericano, Roma encarna la barbarie, lo que vendría a invertir el modelo historiográfico y cultural dominante. Se trata, es lo que me interesa subrayar, de una escritura que en cierto sentido también se enfrenta o pone en cuestión un modelo civilizatorio. Una lectura de la historia en buena medida *decolonizada* y que, al mismo tiempo, trata de revivir la memoria afectiva de sucesos recientes. Si la mirada occidental orientaliza en el sentido de Said, la propuesta de Ayala barbariza las raíces fundacionales de Occidente. Ante esa lectura se podría objetar que la poeta no haya tenido plena consciencia de su propuesta, pero frente a esa visión de una escritura ingenua de Ayala basta detenerse en su intención discursiva: ¿qué otro sentido podría tener la reflexión acerca del gladiador esclavo en la arena para una mujer que fue ella misma esclava y se convirtió luego en una intelectual?

Al recolocar la memoria histórica de la esclavitud en Cuba en tiempos del esplendor imperial de Roma también se apunta a la continuidad del fenómeno de la esclavitud en un sentido atemporal. ¿Si ha estado ahí desde siempre puede creerse que haya desaparecido ahora o en el ahora que vivía la poeta? No hay que olvidar que la abolición no supuso el fin de la segregación, y que las mismas condiciones de marginación que generan la discriminación seguían existiendo. Al descubanizar la memoria y romanizarla la poeta subraya también esa condición atemporal de la esclavitud, que la adscribe a un sistema social y a la marginación de un conjunto de identidades sociales.

Si se revisan los libros y revistas publicados en América Latina y el Caribe hispano o en el exilio cubano-puertorriqueño durante el período colonial, se verá que la palabra «prócer» aparece por lo general en las frases «prócer de la independencia» o «prócer de la patria». En cambio, en estos textos sobre la memoria histórica de la esclavitud publicados justo antes de la fundación del Partido Independientes de Color, Ayala propone una resignificación que la asigna más bien al prócer-tirano, lo cual rompe con el uso pragmático dominante[5]. Dicho de otro modo: Ayala rescata su

---

[5] El significado de la palabra en los diccionarios de la época, de acuerdo con la base de datos del Tesoro Lexicográfico de la Real Academia de la Lengua Española, no ajusta la palabra «prócer» a un individuo de altos valores patrióticos o independentistas. La connotación ulterior a la que estamos habituados, donde «prócer» termina siendo equivalente de «héroe», obedece a un uso discursivo recurrente de tintes claramente ideológicos.

significado primario y lo despoja de toda la connotación adjetiva construida en América Latina y el Caribe hispano a partir de las guerras de independencia contra el control colonial español.

Si la voz autoral de esos sonetos hubiera sido la de un hombre blanco en una posición privilegiada, esos textos podrían leerse solo como un cuestionamiento de las raíces sangrientas de Occidente; en la voz de Ayala, por su condición de mujer que fue esclava, se transforman también en un mecanismo discursivo de la memoria permeado de una voluntad decolonial. El segundo soneto, «El gladiador sublevado», opone un binario histórico de la Roma imperial, el Tirano y Espartaco, que deviene arquetipo de la misma civilización occidental en la cual creció y fue esclavizada Ayala. Si el circo donde el ser humano sometido por el poder sobrevive y se transforma históricamente, el arquetipo de resistencia del sujeto sometido sigue ese mismo destino de continuidad y transformación.

Otro aspecto esencial de ese conjunto de textos sobre la memoria histórica decimonónica de la comunidad afrodescendiente se refiere a los sujetos nacidos en libertad. Hay tres poemas que tematizan esto último, y que a su vez reflejan figuras de las promociones de intelectuales afrodescendientes del siglo XIX anteriores a Ayala y la de un tercer intelectual perteneciente a la suya propia. Me refiero a «Corona al genio» (1898), «Contestación I» (1906) y «Mi flor» (1909, 1911). El primero de estos autores es Gabriel de la Concepción Valdés, Plácido, sin duda la figura icónica de la primera promoción de autores afrodescendientes del siglo XIX y mártir de las luchas contra el poder colonial español en Cuba, acusado de participar en la Conspiración de la Escalera en 1844. El poema es también un recordatorio de que no importa si un sujeto afrodescendiente nació libre o esclavo, porque el poder lo puede castigar de todos modos: su condición de subalterno no desaparece con la libertad. La rememoración que hace Ayala de

Plácido es también una alerta, en el sentido de que el fin de la esclavitud no supone el fin de los mecanismos de control biopolítico sobre el individuo afrodescendiente.

Las otras dos figuras son Vicente Silveira, de la segunda promoción del XIX, y Juan Gualberto Gómez, un intelectual central para la tercera promoción de esta misma centuria. Ambos se desvincularon del Partido Independientes de Color, aunque la afiliación familiar de Ayala es evidente a través de la carta que esta última le dirige Gómez, incluida en los apéndices de este volumen, y que encontré en el Archivo Nacional de Cuba. En el mencionado documento, Ayala subraya el rol protagónico de su hermano en el Partido Independientes de Color, de quien dice: «ha contribuido mucho en unión[6] los demás a la colocación de dos miembros de dicho Partido en la Junta de Educación[7], los cuales me apoyarán»[8]. En otro documento del mismo legajo que no ha sido incluido aquí por razones de tiempo, la poeta agradece a Gómez por su recomendación. No obstante, le comunica que no tuvo buenos resultados en los exámenes de oposición al puesto. Finalmente, se sabe que la poeta consiguió la añorada posición de maestra pública.

En el caso de Silveira, la relación entre Ayala y este último aparece documentada a partir de los poemas intercambiados por ambos. Silveira tuvo una producción poética extensa, que conecta

---

[6] Se refiere a la organización comunitaria afrodescendiente Bella Unión Güinera.

[7] Ayala estaba postulándose para un puesto como maestra pública y estas posiciones en la época requerían del patrocinio y apoyo de los políticos. En busca de ese apoyo es que Ayala dirige la carta aquí citada a Juan Gualberto Gómez. La Junta de Educación era el organismo que nombraba a los maestros públicos.

[8] Archivo Nacional de Cuba. Fondo de Adquisiciones, Legajo 11, expediente 414.

la segunda promoción decimonónica con la tercera y el cambio de siglo. Su posición política frente a la división generada dentro de la comunidad afrodescendiente cubana de principios del XX con respecto al Partido Independientes de Color fue documentada con claridad:

> Cuando Estenoz, en 1912, quiso romper los lazos de confraternidad cubana, que unían los cubanos todos, blancos y negros, en fervoroso amor; que quiso arrebatar como huracán enfurecido, los cimientos de la República, levantada con tantos sacrificios por el cerebro augusto de Martí y el machete glorioso de Maceo, escribió una carta al poeta para que se asociara a la causa del Partido Independiente que él dirigía; pero el bardo guanajayense se negó al llamamiento de Estenoz, con una carta correcta y delicada.
> Entonces fue tachado desde las columnas de *Previsión*, órgano de dicho Partido, de cobarde y servil. La pluma punzante y razonada de Silveira repelió esa injuria, con una serie de artículos que intituló «Cerebros Enfermos»; llegándose a publicar un suplemento a *Las Claridades*, de Guanajay, redactado por él; y no faltó negro sensato que pensara alto, que lo leyera en toda la provincia pinareña. (Guerra 1921: 20)

A pesar de la documentada oposición de Silveira al Partido, Ayala lo incluye en esa triada de intelectuales decimonónicos a través de los cuales pretende reconstruir la memoria histórica de la comunidad afrodescendiente durante el siglo anterior. Me gustaría subrayar una frase del pasaje anterior que ilustra bien los mecanismos de blanqueamiento de la historia nacional. La frase en cuestión, «el cerebro augusto de Martí y el machete glorioso de Maceo», traza una clara adscripción de roles —Martí como pensador, Maceo como guerrero— que vendría a anular la contribución estratégica de Maceo a las guerras de independencia en Cuba. Esa antonomia entre Martí y Maceo forma parte de la propia literatura testimonial vinculada a la Guerra de 1895, que se propuso también disminuir el rol de liderazgo del dominicano Máximo Gómez.

Por otro lado, vale la pena señalar que ya había en la propia comunidad afrodescendiente una conciencia implícita de las tres promociones intelectuales del siglo XIX, como bien puede apreciarse a partir de la selección de figuras realizada por la poeta para esta recreación de la memoria del sujeto nacido libre. De alguna manera, la periodización del movimiento intelectual afrodescendiente propuesta en *Canon, historia y archivo* (2024) se encontraba ya implícita en muchos textos publicados por autores afrodescendientes a principios del siglo XX. Ayala, a pesar de su filiación familiar con el Partido Independientes de Color, asume una selección ideológica plural de la memoria histórica comunitaria durante el siglo XIX.

Autoimagen

Hay tres poemas en los cuales la voz autoral desarrolla su propia identidad como autoimagen. El primero ha sido previamente analizado en términos de su carácter programático, y me refiero obviamente a «Mi raza». Los otros dos poemas han sido menos estudiados; se trata de «Mi retrato» y «Auto-felicitación». En mi raza, Ayala entiende la función de la mujer como alguien que posee una «misión» político-social específica, que debe entender sus «deberes» y de la cual se espera la «perfección moral». Frente a las biopolíticas coloniales que convertían en mercancía a la mujer afrodescendiente, esa agenda de Ayala para la mujer y por consecuencia para sí misma supone liberar el cuerpo femenino de la instrumentalización a la que fue sometido de manera sistemática en el pasado reciente.

En «Mi retrato» pinta un vívido lienzo de sí misma dirigido al público femenino que protagoniza un trabajo creativo. Primero, se ve a sí misma como una «nave» (barco o bote) «que destroza la tormenta / y arroja el Mar». Esa tormenta no es otra que la vida misma, que la obliga después de ese naufragio a redefinir sus prioridades y despojarse de «ilusiones» y «delirios». Ya no persigue la belleza física propia, la compañía de un amor o el amor a Dios. Desarrolla su prioridad como una nueva fe: «solo adoro y sólo ofrezco cirios / a una grata Deidad: ¡la Poesía!». Esa ritualización del proceso de creación poética a través de la adoración y la ofrenda la conduce a una deificación del acto poético a través de la palabra o el verbo. Su comprensión del acto poético recuerda a san Juan (1, 1-18), quien explica la identidad entre la palabra y Dios cuando dice: «En el principio existía el Verbo, y el Verbo estaba junto a Dios, y el Verbo era Dios. Él estaba en el principio junto a Dios. Por medio de él se hizo todo, y sin él no se hizo nada de cuanto se ha hecho». Por supuesto, la idea de deificación de la poesía tiene también raíces neotestamentarias con las cuales Ayala debió estar familiarizada. Para abundar en la filiación religiosa de Ayala conviene leer los poemas incluidos en la sección «Cantos religiosos». De acuerdo con la autoimagen que proyecta en sus poemas, si ya vimos a Ayala definirse como mujer en el poema «Mi raza», ahora la vemos proponerse como una especie de sacerdotisa de ese culto a «La Poesía», que capitaliza en su poema tal como hace la tradición católica con las tres personas de la Santísima Trinidad.

En el tercer poema, «Mi auto-felicitación», escrito en el ocaso de su vida, se describe así: «Hoy, solitaria y triste, en mi hogar retirada, / sin padres, sin esposo, sin hijos de mi amor, / ¡miro llegar la fecha que fue tan celebrada, / sumida en el silencio augusto del Dolor». Reconoce que le queda solamente «el más fiel amigo», el que «queda siempre, ¡Dios!». Ayala se refugia en la poesía como su última ilusión. Los tres poemas, si bien desde distintas perspectivas, reflejan una autoimagen de mujer creadora con fe en la Poesía que no desconoce su raza como parte esencial de su propia estética.

Mujer poeta afrodescendiente

La obra poética de Ayala es imprescindible dentro de la génesis y progresión de la escritura afrodescendiente del Caribe hispano y, por consiguiente, de la literatura hispanoamericana. Su discurso estético sirve de puente entre la comunidad de escritores afrocubanos del siglo XIX y los problemas identitarios y de clase social que enfrenta su propia comunidad a principios del siglo XX. Su obra reconstruye de manera ejemplar la memoria histórica de su comunidad durante el siglo XIX, y lo hace a partir de la asunción de la diversidad de sujetos libres y esclavos que la integraban. La imagen que propone de sí y que es reflejo de su figura autoral, en tanto elemento definitorio de su identidad personal, es la de una mujer afrodescendiente para quien la actividad creadora fue el centro, junto a su labor educativa, de toda su actividad vital e intelectual.

Ofrendas mayabequinas
Cristina Ayala

Cantos varios

Al valle de Güines

(Mi primer canto)

Es Güines un Edén; jardín florido
do reina una perenne primavera;
Do serpentea el arroyo en la pradera
y en el bosque el sinsonte tiene el nido.

Do susurra la brisa en la enramada
y zumban las abejas bulliciosas;
donde cantan alegres las tojosas
y la tórtola gime enamorada.

¡Cuántas delicias en su seno encierra...
¡Cuántos prodigios de Naturaleza!
¡Cuánta rica ilusión, cuanta belleza
este pedazo de cubana tierra...

¡Oh! ¡qué grato placer mi pecho siente
cuando a la margen de su fértil río
me reclino en las tardes del Estío
a contemplar su límpida corriente...

¡Qué dulce admiración embarga mi alma
al contemplar reinando en la pradera
con su regia y hermosa cabellera
y su aspecto gentil, la esbelta palma!

Y si a las faldas de sus verdes lomas
a recrearme voy por un momento,
me encanta ver, ¡cuán ráudas dan al viento
su vuelo, las bellísimas palomas!

¡Vergel querido, cuna de jazmines,
yo te adoro con mágico embeleso;
pues de amor maternal, el primer beso
en tu suelo sentí, Valle de Güines...

¡Nunca, jamás te olvidará mi mente;
y aunque el Destino me separe un día
de tu suelo feliz, el alma mía
bendecirá tu nombre eternamente...

Y, pues que a mi Güines canto
con ardiente inspiración,
güineros, en mi canción
yo no os olvido entre tanto.

Yo siempre llevo conmigo,
un recuerdo de cariño
para todo el que de niño
le he dado el nombre de amigo.

De vosotras, flores bellas,
las que adornáis este Edén,
una hermana soy también,
¡aunque la inferior de ellas!

Vuestras gracias admiré:
y de mi tosco laúd,
por cantar vuestra virtud
una nota arrancaré.

Nota, que en su diapasón
os ponga de manifiesto,

junto a mi cordial afecto,
mi sincera estimación.

Que no será melodiosa,
más... aunque débil; mezquina,
de vuestra amiga Cristina
es la expresión cariñosa.

Recibid, amigas mías
este fraternal halago,
como un presente que os hago
de mis tiernas simpatías.

A unas quiero por graciosas;
a otras quiero por amables;
a otras por respetables,
y a todas, por virtuosas.

1885.

A LAS VÍCTIMAS DE ANDALUCÍA

Décimas (Recitado por su autora en una fiesta que se dio en el año 1885, a beneficio de los huérfanos que ocasionó el cólera en Andalucía)

I.
Señores, causa dolor
ver esa región de España
donde el Cólera, con saña

se muestra en todo su horror...
De la Desgracia el rigor
desplegó su furia impía;
y la bella Andalucía
tantas veces azotada,
hoy se encuentra atribulada,
y ha perdido su alegría...

II.
Con razón hay que temer
a esa epidemia feroz
¡calamidad más atroz
no se puede comprender!
Allí es han llegado a ver
las casas abandonadas;
pues familias desgraciadas
hubieron, que en pocos días
con atroces agonías
murieron desamparadas...

III.
Allí la triste orfandad
en medio de su dolor,
lanza unánime un clamor
implorando Caridad.
Vagando por la ciudad
van los niños afligidos,
¡infelices! desvalidos,
porque a sus padres amados,
¡dejaron los crueles Hados,
en la Nada convertidos...

IV.
No hay un solo ser piadoso,
que no se haya conmovido
cuando ha llegado a su oído
un caso tan lastimoso.
El esplendor más hermoso
es, el de la Caridad,
por eso, esta Sociedad
con tierna satisfacción,
ha cedido esta función
en pró de esa adversidad.

V.
¡Mostrémonos generosos
con nuestros pobres hermanos,
y, compasivos y humanos,
socorrámosles piadosos!
Que sus votos, fervorosos
hasta el Cielo subirán;
al Eterno pedirán
nos libre de esa amargura,
y en tanto aquí, ¡con ternura
procurémosles un pan...

A MI RAZA

Ya es tiempo raza querida
que, acabado el servilismo,
demos pruebas de civismo
y tengamos propia vida.

Ya es tiempo de comprender
—pues está probado el hecho
que es imposible el Derecho,
si no se cumple el Deber.

Y, al que el Deber nos traza
en tan solemne momento,
es, redoblar el intento
de mejorar nuestra raza.

No es la raza negra, no;[1]
aunque en tal sentido se hable,
la que ha de ser responsable
de «aquel tiempo que pasó».

Pero no puede eludir
la responsabilidad
que es suya en la actualidad,
para con el porvenir.

Evitemos ese mal,
teniendo perseverancia
para extirpar la ignorancia
de nuestra esfera social.

Mas, si hemos de conseguir
tan nobles aspiraciones,
he aquí las indicaciones
que hemos todos de seguir:

---

[1] Se refiere a un folleto que se titulaba *Cuba y su gente* donde se denigraba a la raza de color y sobre todo a la mujer [Nota del original].

Los hombres han de estudiar;
hay que abandonar el vicio
y salvar el precipicio
en que se van a estrellar.

Comprendiendo la razón,
tratarán de congregarse
para unidos, procurarse
la mayor ilustración.

Y, nosotras las mujeres
cumpliendo nuestra misión,
tenemos la obligación
de entender nuestros deberes.

Que si todos por igual
—sin que haya rémora en eso—
buscamos en el progreso
nuestra perfección moral,

tal vez, tendremos la gloria
para que el mundo se asombre,
de consignar nuestro nombre
con honra y prez en la Historia.

Y si tal éxito alcanza
el noble esfuerzo que haremos
el estigma borraremos
que la Sociedad nos lanza.

    1888.

Redención

Cual tras negra tormenta, un claro día
lucir suele con bellos esplendores
y cual brilla en un rostro la alegría
tras un cúmulo inmenso de dolores,

así mi pobre raza, que llevaba
una vida de mísera agonía
y bajo el férreo yugo que la ahogaba
en dura esclavitud triste gemía,

hoy se encuentra feliz, pues con sus galas
la hermosa Libertad augusta y santa
la cubre, y adornada de esas galas
bate las palmas y sus glorias canta.

Raza humilde, sencilla y laboriosa,
modelo fiel de abnegación constante,
que vertiste tu sangre generosa
al impulso del látigo infamante.

¡Canta tu gloria sí; pues no es posible
que al cesar tu baldón y tu tortura,
una plegaria mística y sensible
no se exhale de tu alma con ternura...

Haz que hasta el Solio del Eterno suba
tu acento, y di con voz que tierna vibre:
¡Perdón, Señor, te imploro para Cuba!
¡Ya su crimen borró! ¡ya el negro es libre...

Pide al Hado feliz, que tu Derecho
respetado en el mundo siempre veas,
y exclama desde el fondo de tu pecho:
¡Oh Santa Libertad! ¡Bendita seas!

1889.

Pensamientos

Cuando el Mundo nos brinda su alegría
y tenemos placeres a porfía
        anhelamos vivir;
pero cuando la Suerte adversa y dura
nos arroja en la negra desventura,
        sólo ansiamos morir.

El alma humana, henchida de egoísmo,
del amargo infortunio en el abismo
        no quiere penetrar;
y, pues vé que la vida es ilusoria,
de su mágico encanto y de su gloria,
        sólo anhela gozar.

Y no es posible no, dicha colmada,
ni que la vida esté siempre rodeada
        de ventura y de amor;
pues todo ser conserva en su memoria,
de una página triste de su historia,
        recuerdo de dolor...

Si a coger la pintada mariposa
que se prende en el cáliz de una rosa
      va un niño con placer,
al sentir su manita estremecida
por una leve, imperceptible herida,
      ¡ya empieza a padecer!

Así, desde la cuna hasta la muerte,
siempre luchando con la adversa Suerte
      el ser humano va;
y si obstáculos halla en su camino,
con los altos decretos del Destino
      nunca conforme está.

Y olvidar no debemos los mortales,
que del mundo, los bienes, y los males
      tenemos que acatar,
porque los fallos de la Providencia,
¡el hombre más ilustre y de más ciencia,
      no los puede alterar...

      1889.

Una rosa para después del baile

Pura y fragante rosa
    de tallo breve
por quien la suave brisa
    suspira leve.
    ¿Por qué te enojas
y al calor de mi seno
    doblas tus hojas?

Y ¿por qué si en el baile
    luciste ufana
no llegó tu hermosura
    a la mañana?
    ¡ay, rosa bella!
¿lucir sólo en el tallo
    será tu estrella?

Reina de los jardines,
    con tu fragancia,
de agradable perfume
    llenas mi estancia;
    ¡pero comprendo
que en tanto que el aspiro,
    tú vas muriendo...

Por eso ¡pobre rosa!
    yo te prometo
tratar a tus hermanas
    con más respeto,
    y que mi mano

no tronchará su tallo
   fresco y lozano.

Y, cuando las admire
   entre las flores,
moviendo sus corolas
   de mil colores,
   que tal parece
que el aura con un beso
   suave las mece,

al contemplar en ellas
   tu fiel retrato,
diré: ¡qué vivan bellas!
   yo no las mato,
   pues es injusto
privarlas de su vida,
   solo por gusto.

                    1896.

El arroyuelo y la flor

(Apólogo)

Al pie de una selva umbría
en un valle encantador.
rápido y murmurador
un arroyuelo corría.

Una flor que en su ribera
su lozanía ostentaba
y en su linfa se miraba,
le increpó de esta manera:

«¿Dime arroyuelo, a do vas
en continua corriente
y por qué lánguidamente
siempre murmurando estás?

¿Alguien te ha ofendido aquí?
¿Pues no rodeamos tu lecho?
¿Por qué no estás satisfecho?
¿Por qué te alejas así?

¿Acaso allá en la pradera
hallarás cosas mejores?
¿No estamos aquí las flores
perfumando tu ribera?

Detén tu curso un momento
para que calmes mi anhelo
y le des algún consuelo
a mi sentido lamento.

¿No te acusa la conciencia
al ver que a una flor vecina
si a ti su corola inclina
la destrozas sin clemencia?

Pues de tu corriente en pos,
en revuelta confusión

arrastras sin compasión
a esa flor, obra de Dios.

Dime ¿qué causa sagrada
influye Arroyuelo en tí,
para que corras así
sin que te detenga nada?»

El arroyuelo que oyó
la queja de aquella flor,
mirándola con amor
de este modo contestó:

«Yo, de mi corriente, en pos
te arrastro, ¡flor inocente!
más, no soy inconsecuente
a los decretos de Dios.

Que Él, en su saber profundo,
dictó leves inmutables;
¡arcanos impenetrables
para los ojos del mundo!

Y Él permite, que cumplida
sea por todos, la misión
que por su disposición
cada ser trae a la vida.

Tú, para que tu hermosura
brille con más esplendor,
necesitas ¡pobre flor!
que yo te dé mi frescura.

Más. también es mi destino
correr incesantemente,
y a impulso de mi corriente
arrastrarte en mi camino.

Tu fin es, buscar mi apoyo;
ser hermosa un solo día,
y con tranquila alegría
sumergirte en el arroyo.

Yo, corriendo sin cesar,
procuro afanosamente
convertirme en afluente
y hallar entrada en el Mar.

¡En ese abismo profundo!
¡Esa inmensidad sin nombre,
que aun a despecho del hombre
habrá de absorber al Mundo!

No te quejes, pues los dos
aunque por distinta senda,
rendimos cumplida ofrenda
a los designios de Dios».

Calló la flor, convencida
al oír este consejo,
que es un perfecto reflejo
de lo que pasa en la vida.

Pues la mujer, cual la flor
que se mira en el arroyo,

busca del hombre el apoyo,
y le consagra su amor.

Pero él, en su alma anida
otro amor más grande y fuerte,
¡que a veces le da la muerte
y a veces le da la vida!

Que al igual del arroyuelo,
le hace correr sin cesar,
para internarse en el mar
donde le lleva su anhelo.

y ese amor sublime y santo
por quien el hombre se olvida
de la mujer más querida
y que el seduce tanto,

ese fuego que arde en su alma
cual una pira bendita,
que a llevar le precipita
del noble mártir la palma,

la una excelsa trinidad
se lo consagra su pecho!
que se llama, ¡su Derecho;
su Patria y su Libertad!

                1898.

Lamento del alma[2]

De un alma que vagando está en el mundo
      con ansia de saber;
¿De un genio que tal vez será fecundo
      nadie se ha de doler?

¿De una mujer que desvalida y sola
      por esta vida va,
ciñendo del martirio la aureola
      nadie se apiadará?

¿No hay una mano compasiva y suave
      que al verla naufragar,
a flote saque su perdida nave
      del proceloso mar?

Escucha ¡oh sabio! por favor te pido
      el eco de mi voz...
¡Apiádate por Dios, de mi gemido;
      de mi sufrir atroz...

¡No te muestres tan cruel, que a l esperanza
      haya de renunciar.
mi constante sufrir, en tu balanza
      ¡atrévete a pesar!

¡Atrévete! y sabrás cual es la vida,
      del que por intuición

---

[2] Por encontrar dificultades de parte de los profesores para ampliar sus conocimientos [Nota del original].

se siente con el alma acometida
por alta vocación.

Y sin poder jamás lograr su anhelo,
tras lento padecer,
¡muere con un profundo desconsuelo,
sin darse a conocer!

1901.

No lo podrán

(Imitación a Bécquer)

El reptil que se arrastra entre la hierba
envidioso, tal vez pueda intentar
al Cóndor que se cierne entre las nubes
con su baba manchar.

Puede intentarlo, sí; porque la envidia
siente de destrucción ansia voraz,
y a mancillar lo que alcanzar no puede,
siempre se lanza audaz.

Intentarlo podrá con ansia loca;
en su furor al Cielo escupirá,
y su hediondo y mortífero veneno,
en la faz le caerá.

Pero... manchar al ave, que orgullosa
en raudo vuelo al infinito va,

¿de su regio plumaje ajar el brillo?
        ¡Eso... no lo podrá!

Podrá al Noche, con su negro manto
del espacio los ámbitos nublar,
y, mientras no haya luz que la elimine,
        en la Tierra reinar.

Podrá, terrores esparciendo en torno,
quizás con su tiniebla, amilanar
el inocente corazón de un niño,
        y hacerle vacilar.

Podrá con sus alfombras tenebrosas
de algún malvado el crimen ocultar,
y de citas furtivas, el secreto,
        su misterio guardar.

¡Más... luchar con el Astro esplendoroso
que vida con su fuego al mundo da...
¿Contrarrestar la fuerza de sus rayos?
        ¡eso... no lo podrá...!

        1906.

A LA AUTORA MATINAL

Cuando su faz asoma y paso a paso sube
tras argentada nube el esplendente Sol,

orlada con celajes de oro zafir y grana,
ostenta la mañana bellísimo arrebol.

Las matutinas flores a que el alba colora,
al beso de la aurora entreabren su botón,
y las canoras aves sacuden su plumaje,
y animan el ramaje con alegre canción.

Abandona su lecho el labrador honrado
y parte, con su arado el campo a cultivar,
mientras el artesano, también deja el reposo
y acude presuroso, el sustento a ganar.

¡Oh momento solemne, en que al astro
del día saludan a porfía, hombre, pájaro y flor!
En que de su letargo sale Naturaleza,
y muestra la belleza del Mundo, y su esplendor!

¡Oh matinal auroral cuando luces ufana
bañando la mañana de suave claridad,
aquel que te contemple, ¡con pecho conmovido
adorará rendido, de Dios la Majestad!

¡Dejemos al magnate, que duerma perezoso
sin que pueda dichoso, el goce saborear,
de ver tus claras tintas teñir el horizonte,
y en la cumbre del monte, tu reflejo radiar!

Su noche corre leda, entre fiestas y orgía;
antes que aclare el día, a su palacio va,
y a su mullido lecho acude presuroso,
en busca de un reposo, que ya, perdido está

Al ver su faz enjuta, su paso vacilante
y pecho palpitante, es observa con dolor,
que ese infelice vive al placer entregado,
y en él ha malgastado su savia y su vigor.

¡Podrá tener palacios, servidores y coches;
podrá pasar las noches en báquico festín;
pero su breve vida se consume ociosa,
no siendo provechosa a ningún noble fin!

Numerosos amigos de placer y de orgía;
le aclaman a porfía por doquiera que va;
¡cuando su cuerpo quede en nada convertido,
el polvo del olvido su nombre borrará!

Él pasa por el mundo, sin rendir homenaje
al hermoso paisaje que ofrece al Creación,
y, sin que de su alma, indiferente y muda,
jamás ferviente acuda al Cielo una oración.

En tanto, el laborioso al Arte consagrado;
el genio denodado que lucha con ardor,
¡ese el misterio entiende de la Naturaleza!
¡ese ama la grandeza del Supremo Hacedor...

Así, cuando en la noche el marinero vela
contemplando la estela que el buque deja en pos,
al ver tu luz Aurora, ¡siente latir su pecho
y eleva satisfecho una plegaria a Dios!

Y el mísero poeta, que con penas y afanes
en obscuros desvanes medita su canción,

al ver lucir tus rayos, te saluda gozoso,
buscando cariñoso, en ti la inspiración.

Por eso yo te amo, y con férvido canto
extasiada levanto a tu gloria un altar;
porque tu luz radiosa y tus tintas de grana,
en serena mañana he podido admirar.

Aurora, yo te pido, que si la Parca fiera
herirme quiere artera, de la noche al capuz,
¡con prematuro brillo luzcas en el Oriente,
y mandes a mi frente un rayo de tu luz!

1906.

El día de año nuevo

¡Oh sublime y hermosa Poesía!
¡Ven, yo te invoco con ferviente anhelo!
que, para saludar al nuevo día,
     mi loca fantasía
un himno quiere remontar al cielo...

Ya placentero asoma en el Oriente
como de Dios la bendición primera,
esparciendo la luz resplandeciente
     que fulge su ígnea frente,
el astro Rey, de roja cabellera.

Ya se rasgan los velos que ocultaron
del año fenecido la agonía;
y los cirios que el túmulo alumbraron,
      ya su luz apagaron
cediendo paso al esplendor del día.

¡Oh, qué dulce alborear! ¡qué nueva vida
surgir parece en todo lo creado!
Como renace la ilusión perdida,
      creyendo fenecida
con el año, la sombra del pasado...

Y, cual es arroja un desusado traje
por vestir nuevas galas y primores,
así, del porvenir en el paisaje
      al mirar, el bagaje
arrojamos de antiguos sinsabores.

Y cuando el nuevo año se avecina,
¡siempre creemos ver en lontananza,
la figura radiante y peregrina
      de la virtud divina
que lleva el dulce nombre de: *Esperanza*...

Así la vida transcurriendo va,
año tras año rápidos volando,
¡y el hombre siempre persuadido está,
      que al fin realizará
los sueños mil, que iluso va forjando...

Pero yo, que del mundo el desencanto
sentí ya, solo anhelo que potente

vibre mi lira en un sonoro canto,
  ¡que pueda brillar tanto,
cual brilla Febo en el rosado Oriente!

1907.

La fatalidad

Cuando adusta y airada con furia nos persigue,
cuando de nuestra vida quiere turbar la paz,
cando desde la cuna nuestro sendero sigue,
¡hasta en la hora postrera, vemos su horrible faz...

Ella nunca abandona la víctima elegida;
lentamente en sus redes envolviéndola va,
y hasta que al fin la deja extenuada o sin vida,
con insaciable saña, torturándola está.

¡Yo la veo; me acosa! ¡su hálito me envenena!
El trepidar escucho de su horrendo reír,
y sus fieras mandíbulas, cual de sangrienta hiena,
mi corazón trituran; ¡lo siento recrujir...!

Y... ¿qué he de hacer ¡Dios Santo! si así tú lo quisiste?
¿Cómo evadirme puedo de esta enemiga cruel?
¿Cómo anular pudiera lo que tú dispusiste?
¿Cómo apartar mis labios de esta copa de hiel?

Cual arista impelida por impetuoso viento,
en sus hercúleos brazos me siento arrebatar,

y como único alivio a mi infernal tormento,
¡sólo a la Muerte invoco... *morir es descansar...*

1909.

La fuente a la catarata

Para un poeta modernista (imitación)

Yo soy la Ondina que muellemente
en suave lecho dormida está;
¡Tú eres la Tromba siempre rugiente,
que entre peñascos saltando va!

A mí las aves vienen gozosas
para en mi linfa su sed saciar;
de ti las fieras huyen medrosas,
pues las asustas con tu bramar.

Yo tengo flores que, enamoradas,
su rico aroma, gratas me dan:
tú, sólo tienes rocas peladas
a que tus aguas, batiendo están.

Yo, con mis ondas puras, ligeras,
soy un trasunto de lo ideal...
más... ¡en grandeza tú me superas;
pues tú te acercas a lo eternal!

Yo soy el arpa, de nota mágica
do el Gran Artista su amor cantó;

¡tú eres el lienzo do, augusta y gráfica,
su omnipotencia se dibujó!

¡Oh Catarata! ¡yo te saludo!
Tu fiero empuje nadie igualó
y a tu coraje potente y rudo
¡aunque el temo, lo admiro yo!

1909.

A UNA NUBE

Nube que vagando vas
por el vasto firmamento
e impelida por el viento
cambias de forma y color,

¡cuántas veces he pensado
contemplando tus mundanas,
que así nuestras esperanzas
se convierten en dolor...

¡Cuántas veces, silenciosa,
en las horas vespertinas
cuando tintas purpurinas,
el poniente sol te da.

te he comparado en mi mente
al ver tus transformaciones,

a las bellas ilusiones
que el alma abrigando va...

Así cual tú te evaporas
y en líquido convertida
caes al suelo, derretida
por la cálida presión,

ellas también, impulsadas
por los crueles desengaños,
según transcurren los años
se esfuman del corazón.

Y las doradas quimeras
cual tú, se vuelven plomizas
cubiertas por las cenizas
que va aventando el pesar.

Y al terminar la jornada,
las ilusiones floridas
¡en lágrimas convertidas
vienen por fin a quedar...

1909.

Al mar

I.
Mirando tu inmensidad,
contemplando tu belleza,
se concibe la grandeza
de Dios, y su Majestad...
De su excelsa potestad
en ti el ejemplo brilla;
y yo extasiada en tu orilla,
pienso llena de emoción,
que eres de la Creación
la más regia maravilla.

II.
Si tranquilo te presentas,
nuestra vista se dilata
sobre ese espejo de plata
que ante nosotros ostentas.
Mas... si terribles tormentas
hacen tu seno bramar
y se escucha el trepidar
de tus olas tumultuosas,
¡en esas horas luctuosas,
eres imponente, Mar!

III.
Al mirar en lontananza
esas costas de esmeraldas
donde parece que guardas
del náufrago la esperanza.
Al observar cómo avanza

tu empuje sobre la Tierra
y la violencia que aterra
conque afluye tu Marea
¿habrá quien ciego, no vea
el poder que en ti se encierra?

IV.
Cuando tus parduzcas brumas
disipa el astro solar
y su luz viene a rielar
sobre tu lecho de espumas,
semejando blancas plumas
tus olas, alegremente,
a impulso de tu corriente
en infantil devaneo,
van en suave cabrilleo
a morir en tu rompiente.

V.
Hay en tu seno un tesoro
inagotable y fecundo;
pues tienes en lo profundo
de él, perlas, coral y oro.
Yo tus misterios adoro
y al compás de mi laúd,
quiero ensalzar la virtud
de tu playa salitrosa,
a do viene presurosa
en demanda de salud.

VI.
Las puras emanaciones
de esta playa sonriente,
embalsaman el ambiente
y ensanchan los corazones
Con ellas, nuestros pulmones
adquieren nuevo vigor;
y a su influjo bienhechor
a su notoria bondad,
les debe la Humanidad
alivio consolador.

VII.
¡Adiós Mar! de ti me alejo;
más, antes de abandonarte,
quiero un recuerdo dejarte
de mi gratitud reflejo.
Y el recuerdo que te dejo
es... ¡la flor del alma mía!
¡La sublime poesía
que en suave y sutil acento
va impelida por el viento
a morir en tu onda fría.

1909.

Mi única aspiración

(Recitada por su autora en una velada que en honor de ella se efectuó en la Sociedad Club Benéfico de la Capital, el año 1910)

No aspiro a que en mi tumba el día en que yo muera,
luzcan bellas coronas ni de un cirio la luz;
pero, ¡cuánto mi alma gozara si allí viera
una lira colgada de una modesta cruz!

Si acaso algún amigo, a mi humilde memoria
un piadoso recuerdo quisiere dedicar,
el ruego, que esa lira en quien cifro mi gloria,
junto a la cruz sagrada, haga allí colocar.

Que en la callada noche, de mi sepulcro helado
tal vez surjan mis restos por mágica virtud,
y con vital aliento, mi dedo descarnado
haga vibrar las cuerdas del fúnebre laúd…

Y entonces, del espacio en la nocturna calma
se escucharán sonidos de armonía sin par;
y serán… ¡los efluvios divinos de mi alma
que ya sin amarguras, libre podrá cantar…

De mi alma redimida, que en la mansión serena
do no existen la envidia, el odio y la traición,
sin sentirse aherrojada por la social cadena
podrá lanzar altiva su inspirada canción…

Podrá exhalar gloriosa, ignotas armonías
de dulzura suprema que el mundo no escuchó,

porque ese mundo, ¡siempre nubló sus alegrías
y con ingratitudes su entusiasmo pagó...

Y en esta vida mísera, el infeliz poeta
que lleva el alma henchida de férvida ilusión
al palpar desolado la *Realidad escueta*
siente sangrar herido su tierno corazón.

Y siente la nostalgia de otra vida infinita
sin convencionalismos, insidia ni doblez,
donde las almas buenas, en comunión bendita
ante el Trono Divino, entonan dulce prez...

En esa patria hermosa, de luz y de armonía
el alma del poeta ¡cuán feliz vivirá!
En esa patria hermosa, ¡esta pobre alma mía
que aquí tanto ha gemido, gozosa cantará!

En el arroyo
Historia triste

La noche era obscura y fría;
la calle estaba desierta;
por ella, con planta incierta,
una anciana discurría.

Apoyada en su bastón,
iba triste y vacilante,

del nocturno caminante
implorando compasión.

Llevaba la viejecita
de sus harapos asida,
¡a la prenda más querida
de su alma! ¡su nietecita!

Y, con angustioso afán
si ante una puerta llegaba,
la pobre abuela imploraba:
¡un pedacito de pan!

¡Pan para la desdichada
niña, que el vicio arrojó
al mundo, y en él quedó
huérfana y abandonada!

Seis años ha, que esta anciana
alegre y feliz vivía,
en la dulce compañía
de su adorada Mariana.

¡Mariana! ¡tierna doncella
de incomparable hermosura!
Cual la azucena ¡tan pura!
Como la rosa, ¡tan bella!

Era de virtud modelo;
y con su cariño santo,
de su madre era el encanto
y su sostén y consuelo.

Llenade ejemplar paciencia,
con su labor primorosa
de manera decorosa
libraba la subsistencia.

Siempre en su hogar recluida,
su único pensamiento
era, buscar el sustento
para su madre querida.

Pues ésta, enferma y anciana,
viuda desde tiempo hacía,
en el mundo no tenía
otro amparo, que Mariana.

Así vivían las dos;
y en aquel humilde hogar
no cesaban de alabar
el santo nombre de Dios.

Más... quiso el negro destino
¡qué esta inalterable calma
y esta dulce paz del alma,
las turbara un libertino!

Una espléndida mañana
en que la joven, gozosa
iba a buscar presurosa
su labor de la semana,

en su trayecto la vió
un pisaverde atrevido

que fingiéndose rendido
inmenso amor le mintió,

y en su virgen corazón
que latía indiferente,
hizo que brotara ardiente
la llama de la pasión.

Era un joven arrogante;
de distinguidas maneras;
de palabras lisonjeras
y de mirada insinuante.

¡Era de elevada cuna!
y de su alcurnia orgulloso,
nunca pensó ser esposo
de una joven sin fortuna.

Pero, moderno don Juan,
tendiéndola astutos lazos
hacía caer en sus brazos
a la obrera del desván.
Y así que saciado estaba
su cobarde y torpe anhelo,
con su afrenta y desconsuelo
a la triste abandonaba.

¡Con ente tan miserable
hubo de encontrar Mariana
aquella aciaga mañana
para ella memorable!

Pues de ese encuentro,
nació la pasión desventurada
que su honra inmaculada
para siempre mancilló...

En brazos del cortesano
cayó la joven sencilla,
¡cual la inocente avecilla
en las garras del milano!

Al volver de su delirio,
con honda pena presiente
que ha ceñido ya su frente
la corona del martirio.

Y... más tarde, ¡con tortura
y con ansias de morir,
siente en su seno latir
el fruto de su locura!

En tanto, la pobre anciana
contempla llena de angustia,
la frente pálida y mustia
de su adorada Mariana.

Y, con maternal amor
la interroga noche y día;
mas ella... negar quería
la causa de su dolor.

Hasta que llega el instante
en que la niña infeliz,

¡perdón para su desliz,
implora a su madre amante...

Y esta madre sin ventura
viendo su ilusión ya rota,
¡va apurando, gota a gota
el cáliz de la amargura!

Presa de dolencia cruel
la pobre joven cayó,
y en el lecho se acostó
para no salir de él.

Y entre lágrimas y duelo,
allí, con dolor profundo,
¡deja un ángel en el mundo
y su alma se eleva al Cielo...

Y por toda herencia, lega
y su ángel abandonado,
¡un nombre ya deshonrado
y una abuela medio ciega!
Por eso véis esas dos
que vagan con planta incierta,
pidiendo de puerta en puerta
¡una limosna por Dios!

Tal vez una obscura noche
el Tenorio de levita
triture a la viejecita
con las ruedas de su coche...

Y aún puede tal vez, ¡qué horror!
que aquella niña inocente
que impreso lleva en su frente
el sello del deshonor,

creciendo así, abandonada
y sin nociones del bien,
si acaso fuese también
cual fue su madre burlada,

puesta ya en el precipicio,
llegue rodando a parar
al inmundo lupanar
do tiene su asiento el vicio,

y que, entonces, el libertino
que su nombre la negó
y al arroyo la arrojó
es al encuentre en su camino,

y que, en comercio infamante,
¡permita el hado fatal,
que a cambio del vil metal
llegue a ser de su hija... amante!

Ah, ¡Sociedad! ¡Sociedad!
Basta de ignominia y lodo!
pon remedio de algún modo
a tamaña iniquidad.

¡No abrumes con tu rigor
a la mujer seducida

mientras acatas rendida
al infame seductor!

Si de toda culpa, en pos
debe seguir el castigo,
no seas injusta te digo,
¡castígalos a los dos!

Sentencia con equidad,
más si benigna has de ser,
¡para la débil mujer
guarda toda tu piedad!

A la que ciega cayó
más, lucha con heroísmo
por no llegar al abismo,
¡en él no la arrojes, nó!

Que tal vez, regenerada,
a la senda del deber
pueda esa pobre volver
si no se ve despreciada.
Y sobre todo, procura
que esas víctimas del crimen,
lesas que sin culpa, gimen
en horrible desventura,

no tengan necesidad
amargado el corazón,
de renegar con razón
de tu nombre, Sociedad!

Nunca les niegues tu apoyo;
acógeles compasiva,
y no rechaces esquiva
a los niños del arroyo.

1912.

Mis discípulos

Ellos son mi consuelo; la alegría
del triste hogar do vivo retirada;
y en mis horas de cruel melancolía,
vienen a confortar el alma mía
su charla dulce y límpida mirada.

Ellos son para mí, todo el encanto
que ya le resta a mi existencia triste;
y si mis ojos nubla acerbo llanto,
me consuelo al pensar que...; noble y santo
es Señor, el deber que me impusiste...
Yo la infantil inteligencia guío
de estos ángeles bellos de la Tierra;
y con afán creciente, sólo ansío,
que al rudo empuje del esfuerzo mío
brote la luz que su cerebro encierra...

Siento por ellos, maternal cariño;
sus juegos infantiles me recrean;
y al ver cual resplandece en cada niño

el alma limpia como blanco armiño
digo: ¡Guárdeles Dios! ¡Benditos sean!
¡Guárdeles Dios! y si de la inocencia
la flor hubiesen de perder mañana,
y en el rudo bregar de la existencia,
tuvieran que inmolar a su conciencia,
que al Cielo vayan en edad temprana.

Así, del niño, en el destino incierto
pienso al mirar su rostro placentero
donde la paz de la inocencia advierto;
y pienso, que es más grato verlo muerto,
que del crimen y el vicio en el sendero.

1918.

Lo que yo quisiera ser

No espero ver mi nombre consagrado
con gran pompa y solemne majestad;
mas, espero dejar algún legado
   a la posteridad.

Yo no tengo del Genio la realeza
que hace presto las cumbres escalar;
mas, tengo una gran dosis de firmeza
   y sé perseverar.

Yo no quisiera ser como el Meteoro
que un segundo ilumina mas que el Sol
pero quisiera parecerme al oro.
      fundido en un crisol.

Para expresar mejor mi pensamiento,
de un suceso ocurrido entre dos flores,
os voy a referir el breve cuento
      carísimos lectores.

Érase una dalia que, orgullosa
en un bello pensil luciendo ufana,
a una pobre violeta, desdeñosa
      miraba una mañana.

La despreciada flor, humildemente
entre sus toscas hojas se ocultó;
y un viajero al pasar, inconsciente,
      con el pié la estropeó.

Pero al notar que aroma delicado
esparciose al instante en derredor,
detúvose, diciéndose asombrado:
      ¿de do viene este olor?

Entonces la violeta maltratada
sonriose en silencio de placer;
que esa fue la victoria más preciada
      que ella pudo obtener.

Pues el mismo viajero, esa mañana,
arrobado a la dalia contempló

en el bello pensil luciendo ufana,
        mas... ¡no le perfumó...!

Yo no quisiera ser la dalia hermosa
que altanera descuella en el pensil
irguiendo su corola primorosa
        en su tallo gentil.

Pero sí, al violeta que, ignorada
es oculta entre hojarasca con temor,
¡dejando la campiña perfumada
        con su fragante olor.

1920.

LA NOCHE BUENA

Esta noche es Noche Buena,
para el que en feliz hogar,
pueda alegre saborear
una suculenta cena.
Mas... para el que en honda pena
suspiros de duelo exhala,
y en una fúnebre sala
de un ser adorado muerto
contempla el despojo yerto,
¡esta noche es Noche Mala!

Esta es noche de contento
para el padre afortunado

que de sus hijos rodeado
gusta de un rico alimento.
Mas... para el que macilento
en una mísera pieza,
inclinada su cabeza,
de hambre oye al hijo llorar
sin poderlo consolar,
esta noche es de tristeza...

Noche de inmensa alegría
para la tierna doncella
que en esposa amante y bella
se ha trocado en este día.
Mas... para la que en la fría
fosa, llora ya su amor
y recuerda el seductor
tiempo, en que a su lado estaba
y en su dulce unión cenaba,
esta es noche de dolor...

¡Noche Buena! ¡Noche Buena!
muchos cantan tus placeres
y aseguran que tú eres
la más hermosa y amena.
Mas. .. ¡cuánta secreta pena
se oculta en tu denso velo!
¡Cuánto insatisfecho anhelo!
¡Cuánta ancianidad indigente
y cuánto niño inocente
llorando con desconsuelo...

Mientras en regias moradas
del opíparo festín

hasta el mimado mastín
devora sendas tajadas,
las madres desamparadas
con sus hijos harapientos,
sucios, descalzos y hambrientos,
imploran junto a la reja,
¡quedando ahogada su queja
del bullicio a los acentos.

Por eso, esta noche es buena
para el que en feliz hogar
pueda alegre saborear
una suculenta cena.
Mas... para aquel que en su pena
lucha con el imposible,
para el corazón sensible
que compare esta alegría
con su profunda agonía,
¡es la noche más terrible...!

1924.

Colección de sonetos

A LA SRTA. IRENE RODRÍGUEZ

En su album

De tus divinos ojos los destellos
aumentan de tu rostro la hermosura,
y un poema de amor y de dulzura
hay en la luz que se refleja en ellos

Cual artístico marco, tus cabellos
de obscuros tonos y sin par finura,
en torno de tu frente, con soltura
muévense en profusión de rizos bellos

Esa sonrisa franca y hechicera
que anima tu semblante virginal
te da un encanto más ¡niña hechicera!

Mas… la belleza pura, sin igual,
la que a todas las otras las supera
es, ¡el candor de tu alma angelical!

1905.

En los natales de una amiga

Si pudiera ofrecerte, amiga mía
un coro celestial de ángeles bellos
para extasiada, celebrar con ellos
de tu natal feliz el nuevo día.

Si la regia corona de Turquía
pudiera colocar en tus cabellos
e iluminar tu frente con destellos
de su espléndida y rica pedrería.

Todo esto gustosa te ofreciera
en prueba fiel de mi amistad constante
mas, no pudiendo ser de esta manera,

recibe ¡oh Charo! el corazón amante
de esta amiga ferviente y verdadera
que no te olvidará un solo instante.

1905.

Fe y esperanza

Cuando de mi existencia la alegría
negro la cubra de dolor el manto
y herida por amargo desencanto
vierta gotas de hiel el alma mía.

Cuando del infortunio la agonía
nuble mis ojos con acerbo llanto;
Cuando sólo le reste a mi quebranto
el triste alivio de la tumba fría,

aún entonces, ¡la Fe consoladora
reanimará mi espíritu abatido
mostrándome su luz encantadora!

y con amor firmísimo y rendido,
¡amaré la Esperanza bienhechora
que un mundo celestial me ha prometido...!

1905.

Mi retrato

(Soneto dedicado a mis compañeras de Artes y Letras)

Cual nave que destroza la tormenta
y arroja el Mar; calmados sus furores;
como rama marchita y sin colores
a que el tronco vital ya no alimenta,

así, bellas amigas, se os presenta
la que un tiempo luciera los primores
de las brillantes y fugaces flores
que el alba de la vida siempre ostenta.

Ya no tengo ilusiones ni delirios
ni vienen a turbar el alma mía
los acerbos pesares y martirios

que del pérfido Amor sufriera un día.
Ya solo adoro y sólo ofrezco cirios
a una grata Deidad: ¡la Poesía!

                        1906.

A la srta. Natalia Domínguez
de Martínez en su natal

(A petición de una amiga)

No faltarán amigos consecuentes
que al ver de tu natal el bello día
acudan presurosos a porfía
a ofrecerte magníficos presentes.

También habrá poetas complacientes
que apurando su rica fantasía,
con armónica y suave melodía
versos te ofrecerán muy elocuentes.

Pero esta amiga fiel que te venera
con un afecto dulce y respetuoso;
que por ti siente una amistad sincera,

solo le pide al Todopoderoso,
te conceda una vida, placentera,
junto a tu buena madre y tierno esposo.

1907.

¡En el cielo!

Soné que el mundo, para mí, sería
perenne manantial de bienandanza;
pues con sencilla fe, en lontananza
sólo placer y gloria entreveía.

Y pensaba, que no es extinguiría
esa dulce ilusión, esa confianza,
porque la hermosa flor de la esperanza,
lozana ante mi vista se entreabría.

Mas... ¡hoy comprendo con dolor profundo,
que en decepción y amargo desconsuelo
se convierten los sueños de este mundo!

Por eso cifro mi mayor anhelo
y solamente mi esperanza fundo
de encontrar dicha eterna, ¡allá en el Cielo!

1906.

¡A QUÉ COSTA!

«¿De dó vienes? —pregúntale al anciano
el niño en el umbral de la existencia,
y él dice: —«del lugar, que en tu inocencia
muy presto a recorrer irás ufano».

—¿Y ese cofre que llevas en la mano
encierra algún tesoro? —«Sí: de ciencia!
—¿Qué maestro la enseña? —«La experiencia!»
—«Pues en su busca voy!» —«Aún es temprano!»

Y obediente a la ley de su destino,
emprende el pobre niño su camino
el sendero cruzando de los años:

y al fin de la jornada, siempre alcanza
de la sabia Experiencia la enseñanza
¡pero a costa de amargos desengaños...!

1907.

La idea

Es el yunque do al férreo martilleo
se forjan los ensueños del poeta;
es el buril que graba o interpreta
del cerebro el continuo devaneo.

Es la mano que arranca a Prometeo
de la roca fatal que le sujeta;
del pensamiento el formidable atleta
que le mueve y le impulsa a su deseo.

Ella es la chispa que al chocar potente
las ignotas paredes de la mente,
con súbita explosión produce el rayo;

y el genio señalado por la gloria,
guiado por su luz, ¡de la victoria
a la cúspide llega sin desmayo!

1907.

Episodios de la antigua Roma

(En el Circo)

¡Allí está el gladiador; sereno y fuerte;
de valor indomable y alma entera,
en actitud resuelta y altanera,
impasible en presencia de la Muerte!

¡Allí el esclavo está, de quien la suerte
o al adverso destino dispusiera,
que en lucha con el hombre o con la fiera,
quede en la arena, cual despojo inerte!

Sentado frente al lúgubre escenario,
¡está el Prócer terrible y sanguinario,
sin que a piedad se mueva su alma ruda!

Y aún tiene el siervo que decir rendido,
ahogando entre sonrisas un gemido:
César, este que muere, te saluda.

    1907.

El gladiador sublevado

Nace Espartaco; y en su frente adusta,
de audacia y decisión brilla un destello;
izar pretende el estandarte bello
donde la Libertad se ostenta augusta.

Luchar con el Tirano, no le asusta
por más que arriesgue su existencia en ello,
para rasgar el infamante sello
de esclavitud tan dura como injusta.

Junto con otros siervos, decidido
a concluir tal cúmulo de horrores
al combate se lanza enardecido;

y al sufrir de la Suerte los rigores,
¡aunque en su noble empresa cae vencido,
deja humillados a sus opresores!

1907.

Ante el retrato de un amigo literato

Al contemplar tu frente majestuosa
do el Genio y el Saber tienen asiento,
es adivina el ingénito talento
que te otorgó Natura, bondadosa.

En tu mirada suave y fulgurosa
se reflejan, la luz del pensamiento
y el artístico y puro sentimiento
de tu alma entusiasta y generosa.

De tus labios, parece que vehementes,
en períodos floridos y brillantes
se oyen brotar las frases elocuentes;

y en tus rasgos viriles y arrogantes
con sus líneas severas y valientes
hay la expresión del inmortal Cervantes.

1907.

A UNA AMIGA

(Con motivo do un regalo hecho por la autora, el día de su boda)

Así cual de este libro los espejos,
¡que las hojas del libro de la vida
que hoy vas a recorrer, niña querida,
sean de tu dicha diáfanos reflejos!

¡Que siempre del pesar te encuentres lejos!
¡Que toda tu ilusión la veas cumplida,
y que del sinsabor, jamás la herida
vierta en tu corazón amargos dejos...

Que una prole sumisa y cariñosa venga
a poner el colmo a tu ventura,
haciendo tu existencia más dichosa;

Y que del Himeneo la luz pura
con su llama radiante; esplendorosa,
aumente de tu esposo la ternura.

1914.

Un año más

Un año más hoy cuento de existencia;
¡un año más que alarga la cadena
de eslabones, tejidos con la pena
de hondos pesares y mortal dolencia!

¡Un año más, que frente a la inclemencia
de mi adverso destino, voy serena
con alma fuerte, de entusiasmo llena,
rindiendo culto al Arte y a la Ciencia.

El lauro inmarcesible de la gloria
es de mi alma el único ideal.
Yo quisiera obtener de la victoria

ese lauro en la lucha intelectual,
y de las letras, en la patria historia,
dejar mi nombre en página inmortal.

Julio 24, de 1928.

Un Grande

En sus brillantes páginas, la historia
de nuestra patria, el nombre reverencia
de un hombre ilustre, que de honor y ciencia
modelo fuera de inmortal memoria.

De un cubano de limpia ejecutoria
que a sus alumnos supo en la conciencia
grabar el culto por la independencia,
Que Cuba obtuvo al fin, para su gloria.

Ese sabio Maestro que del niño
fue siempre bondadoso consejero
y que, con santo y paternal cariño

le condujo del Bien por el sendero,
era... ¡el anciano aquel de alma de armiño!
Don José de La Luz y Caballero...!

1924

Feliz aniversario

(En el primer aniversario de la fundación de la revista Albores)

Como una mariposa que naciera entre flores
ostentando en sus alas prismáticos destellos
do lucen en conjunto esos matices bellos
que del oro y topacio le dan los esplendores.

Así también en Güines naciera muestra ALBORES
bajo la iniciativa feliz, de dos de aquellos
jóvenes entusiastas, que llevan dentro de ellos
el instinto y la fuerza de grandes luchadores.

Hoy se ha cumplido un año que esta hermosa
Revista lleva a nuestros hogares la luz del pensamiento,
marchando valerosa, del «Bien» a la conquista.

¡Que sus iniciadores no muestren desaliento
en su genial empeño, para que siempre exista
en Güines, esa joya del *obscuro* elemento!

1924.

Ante el retrato de una desconocida

(Srta. María Carrillo)

En tu efigie se advierte la dulzura
de tu carácter suave y cariñoso,
y un corazón sensible y bondadoso
que aumenta de tu rostro la hermosura.

En tu mirada refulgente y pura
brilla un destello vivo, luminoso,
cual un sol que en el cielo, esplendoroso,
 disipa con su luz la noche obscura.

Al contemplar tu imagen hechicera,
he sentido tan viva simpatía
hacia ti, que dichosa me sintiera

si pudiera llamarte «amiga mía»,
y en unión fraternal y placentera,
oír de tus palabras la armonía.

1925.

El tercer aniversario de *Albores*

¡Hay seres invisibles que hoy pueblan el espacio
y con místico acento de tierna melodía,
un himno hermoso elevan al sideral Palacio,
celebrando la aurora radiante, de este día.

Hay nubes de oro y grana, que vienen con despacio
disipando las sombras que reinan todavía
y uniéndose con otras de zafiro y topacio,
encantan nuestros ojos, con su policromía.

¿Qué motiva ese himno que incógnitos
cantores elevan extasiados al templo sideral?
¿Por qué las bellas nubes de irisados colores

hoy hacen más radiosa la aurora matinal?
¡Es que hoy cumple tres años nuestra querida Albores
¡Tres años de triunfante labor intelectual...!

1926.

Contrastes de la vida

(Para mis buenos amigos Pedro y Mario, Director y Administrador, respectivamente, de la Revista Albores*)*

Hoy es mi cumpleaños; y con gran alegría
miro llegar la fecha que fue tan celebrada
en épocas felices, y ya, triste, olvidada,
pasaba en el silencio de cruel melancolía...

Hoy es mi cumpleaños; y para gloria mía,
de férvidos amigos me encuentro rodeada,
que han venido solícitos a mi humilde morada,
a darme testimonio de aprecio y simpatía!

Y aunque mi cuerpo sufre de males el tormento,
el alma se expansiona, y olvido mis dolores;
porque de luz y gloria mi corazón sediento,

se ha visto satisfecho entre aplausos y flores,
que ha poco, estos amigos, en un feliz momento,
a mis pies ofrendaron, colmándome de honores.

Julio 24 de 1926.

Homenajes de admiración y gratitud

Corona al genio

(Dedicada al ilustre hombre público, señor Juan Gualberto Gómez, y recitada por su autora en La Bella Unión Güinera, el año 1898)

Jamás te apartaré de mi memoria
¡noche grata! ¡solemne! inolvidable!
pues me ofreces, la más inmensa gloria
que en la vida sentir me fuera dable…

Luchando con mi estéril pensamiento
no os extrañéis, señores, que batalle;
que al poderoso influjo del talento,
¡es fuerza sí; que mi entusiasmo estalle!

Y aunque con mano torpe y vacilante,
permitid que con íntima alegría,
para cantar la gloria de este instante
pulse las cuerdas de la lira mía…

De mi lira ha tiempo abandonada
y que, por sinsabores de la vida
yace a mis plantas triste y olvidada;[1]
rotas sus cuerdas, mustia y abatida…

Mas… ¡ella no me olvida! si el marasmo
sacude el alma en un feliz momento
y la invoco con férvido entusiasmo,
¡ella me inspira con su dulce acento!

---

[1] Por el luto de su querida abuela [Nota del original].

Y por eso, señores, yo el imploro,
que en esta noche de entusiasmo santo,
¡me brinde, por favor, cuerdas de oro
para lanzar los ecos de mi canto!

Pues esto y más, merecen en conciencia,
los genios eminentes; distinguidos,
que en esta fiesta de la inteligencia
con placer admiramos reunidos.

Porque, cual ramo de galanas flores,
por dondequiera que la vista giro,
¡todo es grandioso! ¡todos son primores
y no puedo decir lo más que admiro...

Aquí, la culta dama, que recrea
con su palabra dulce y elocuente;
allí, el varón ilustre, que la Idea
lanza al espacio con su voz potente.

Y... más allá, ¡distingo emocionada
al que en mi raza brilla por gigante.
¡aquel que Cuba contempló admirada!
¡permitidme, señores, que le cante...

Que eh de cantarle, sí; con deferencia,
al hombre que fundó todo su anhelo
en ilustrar la inculta inteligencia
del triste esclavo en el cubano suelo.

Al hombre que amparado en su Derecho,
con faz serena y con la frente erguida,

presenta siempre su valiente pecho
a los rudos embates de la vida.

¡Al león de la tribuna, en cuya frente
quiso Dios colocar el sacro fuego
del humano saber, y un alma ardiente,
 para más gloria concedióle luego.

¡Héroe que no sucumbe en la batalla!
por más que en pos de sí vaya dejando
jirones de su carne, ¡no desmaya!
con cívico valor, ¡sigue luchando!

Por eso yo le admiro noblemente
y al contemplarle me entusiasmo tanto,
que me atrevo a pedirle reverente,
benigno acoja mi modesto canto...

Canto, sin método, orden ni concierto
cual siempre brota de mi tosca lira;
mas... ¡puedo asegurarte, Juan Gualberto,
que en él no lleva envuelta la mentira...

Deja que te salude una cubana
ya que eres gloria de la patria mía;
y permite, que a título de hermana,
te demuestre mi inmensa simpatía.

Y puesto que en tus hechos has probado
(y el eco de tu fama así lo abona)
que eres un progresista consumado,
¡permite que te ofrezca esta Corona...

Corona indigna de la noble frente
que no abate la suerte en sus reveses,
pero ¡hay que ser un genio prepotente
para cantarte como tú mereces!

Marchando recto sin traición ni dolo,
prosigue pues luchando con exceso,
que en esa noble lucha no estás solo
contigo están los hombres del progreso...

Y de los que hoy llenáis vuestros deberes,
de la futura luz a los destellos
dirá la Historia en gruesos caracteres:
«¡Cumplieron como buenos! ¡bien por ellos!»

Contestación I

(Al culto escritor y eximio poeta Vicente Silveira)[2]

Al eco de tu canto melodioso
¡qué placer tan sublime y delicioso
          sintió mi corazón!

¡Qué plácida emoción cautivó mi alma
cuando vino a turbar mi dulce calma
          de tu cítara el son!

El canto que esa cítara divina
al ensalzar los versos de Cristina,
          vibrante acompañó,

es una joya hermosa y esplendente
que con su brillo puro y refulgente
          mi vista deslumbró.

Al oír de tu lira los arpegios,
de sus ritmos magníficos y egregios
          admirada quedé;

y henchida de respeto soberano,
¡de sus cuerdas doradas, caro hermano,
          las notas escuché

Yo no puedo expresarte el sentimiento

---

[2] Se han añadido números romanos a títulos idénticos para identificarlos con más facilidad. Véase en Apéndices el poema de Vicente Silveira al que responde este de Cristina Ayala.

de gratitud, que tu inspirado acento
               hizo nacer en mí;

sólo puedo decirte que fue tanto,
que a su mágico influjo, tierno llanto
               extasiada vertí.

Yo, que no puedo, por desdicha mía
pensar, un puesto en el futuro día
               del Parnaso ocupar,

llena de orgullo reconozco ufana,
que esa pléyade hermosa del mañana,
               ¡Tal fin lo ha de alcanzar!

Hoy que mi raza en Cuba, ya las puertas
del Templo del Saber, encuentra abiertas,
               es lógico creer

que si algún genio, con potente vuelo
escalar quiere de la gloria el cielo,
               Ya lo puede obtener.

Si en el tiempo del látigo inhumano,
un Plácido, un Medina y un Manzano
               muestra Cuba nos dio,

que en medio de tamaña desventura
llegaron a cantar con tal dulzura
               que el mundo se asombró.

¿Cómo es posible que hoy, que ya la tralla

rasgando nuestra espalda no restalla
    no logremos también

que nuestro acento, noble y grave vibre
y del Parnaso de la Patria libre
    no hagamos un Edén?

De esa constelación ya numerosa
donde luz potentísima y radiosa
    esparcen a granel

Ramírez Ros, Ordóñez, Gualba, Heras,
Medina, Bravo, Pérez, Díaz, Figueras,
    Escoto y Despradel.

Donde brillan también el culto Edreira
y Padilla, dulcísimo Silveira,
    por tu excelso laúd

y tu talento claro, esplendoroso,
¡eres un astro bello y luminoso
    de inmensa magnitud!

El Señor te conceda en Su clemencia,
que a tu tierna y purísima Inocencia[3]
    respete el Hado cruel.

y que antes de acabar, tu noble vida,
a su ilustrada frente veas ceñida
    corona de laurel.

        1906.

---

[3] El nombre de una hija del citado poeta [Nota del original].

A MI QUERIDA AMIGUITA R. P.

(Para su Álbum)

Adornan tus mejillas, niña hermosa;
y tu frente tan pura y tan serena,
El suave sonrosado de la rosa,
y el nítido color de la azucena.

Tu mirada es un rayo de la aurora;
tus labios son dos púrpureos claveles;
y es tu figura bella y seductora,
Modelo digno del pincel de Apeles.

¡Que esa hermosura virginal, que ostentas
hoy, en tus tiernos y floridos años,
te acompañe a través de las tormentas
de la vida y sus tristes desengaños.

¡Que no turben violentas convulsiones
tu corazón sencillo y candoroso;
y, para realizar tus ilusiones,
te conceda el Destino, un tierno esposo!

1906.

Gratitud

(Al galeno poeta B. Sallán por sus «Hojas Secas»)

Si posible me fuera, culto vate
con un canto magnífico y sonoro
acompañado de un laúd de oro
            Tus versos contestar,

¡Ah! ¡Con cuánto placer así lo hiciera!
¡Cómo echara a volar mi fantasía!
Mas... ¡hay que en vano lucha el alma mía!
            ¡Yo no puedo cantar!

¡Yo no puedo cantar! ¡es imposible!
que al querer trasladar mi pensamiento
al papel, ¡Oh, terrible sufrimiento!
            ¡No puedo hacerlo, no.

¡Yo no puedo cantar! que el hado adverso,
cual verdugo tirano e inclemente,
Posó su mano cruel sobre mi frente,
            Y mi vista nubló.

El laurel que a mis sienes ofreciste,
constituirá mi joya más preciada;
y en mi existencia triste y amargada
            hoy, por lago de hiel,

este será mi firme compañero;
me brindará consuelo y alegría,
y verterá sobre la pena mía
            una gota de miel.

Si arrullado por brisas de bonanza,
de un mar sereno a la tranquila orilla
lograres arribar con tu barquilla
          Inspirado cantor,

piensa en tu poetisa agradecida,
a quien punza el dolor con sus abrojos;
Pídele al cielo, que sus mustios ojos
          recobren su esplendor.[4]

          1907.

Contestación II

(Al inspirado poeta N. Vasconcellos)

I.
Con tu lira diamantina
poeta del Almendares,
dedicas en tus cantares
un opúsculo a Cristina.
De esa lira peregrina
el grato son escuché;
la memoria guardaré
de su armónico sonido,
y tu recuerdo querido
por siempre conservaré

---

[4] Me encontraba sometida a un tratamiento de la vista, que me impedía escribir [Nota del original].

II.
Yo no pienso que mañana,
igualar en gloria pueda
a la gran Avellaneda,
ni a la Pérez de Zambrana.
Mas, he de sentirme ufana
si antes que llegue el ocaso
de mi vida, paso a paso,
siquiera con planta incierta,
traspasar pueda la puerta
del encantador «Parnaso».

3 [III].[5]
Tú, que con plectro brillante
modulas cánticos bellos
¡inspirado Vasconcellos!,
sigue también adelante;
Eleva tu voz vibrante
si cantar es tu destino;
Prosigue firme el camino
que te conduce a la gloria,
y brillarás en la Historia
con un esplendor divino!

IV.
Píntame del Almendares
las apacibles riberas
y con notas placenteras
lanzas tus dulces cantares.

---

[5] Por alguna razón utiliza en esta décima numeración arábiga en vez de romana, lo cual es único en este texto.

Mientras yo, con mis pesares,
desde el Mayabeque undoso
de mi valle silencioso
contemplando la hermosura,
te mandaré con ternura,
un saludo cariñoso.

1908.

Décimas glosadas, dedicadas a un amigo

«Es la amistad un consuelo,
cuando es verdadera y pura
pues calma nuestra amargura
como un bálsamo del Cielo»

Un amigo es un tesoro
cuando es fiel y verdadero;
y su cariño sincero
tiene más valor que el oro.
Cuando de la pena el lloro
nos sume en hondo desvelo,
cuando imploramos al Cielo
llenos de melancolía
en las horas de agonía,
es la amistad un consuelo.

Es más fina que el amor;
pues vive sin ambiciones

y sin las alteraciones
del celo devorador.
No anida en ella el rencor
ni de la hiel la amargura;
con la miel, por su dulzura
muy bien es puede igualar,
y es difícil de extirpar
cuando es verdadera y pura.

Si de la vida el encanto
llegamos perdido a ver
y nos cercan por doquier
tristeza, luto y quebranto,
para mitigar un tanto
esta negra desventura
una amistad noble y pura
unida a nuestro dolor,
es de infinito valor
pues calma nuestra amargura.

¡Oh Amistad! ¡estrella hermosa
que con tus suaves fulgores
circundas de resplandores
nuestra noche tenebrosa...
¡Quiero que siempre amorosa
llenes mi alma de consuelo;
y que, si un tétrico velo
nubla mi vida serena,
vengas a calmar mi pena
como un bálsamo del Cielo!

    1908.

Contestación III

(A mi distinguido amigo, el culto escritor y poeta, Santiago Ordóñez de Hara)[6]

Amigo noble y bueno, con alegría
tu trabajo he leído por mí estimado,
porque este corrobora la simpatía
que desde ha mucho tiempo me has demostrado.

De tu pluma castiza me das la prueba
en los versos brillantes que me dedicas;
pues en ellos, tu acento grave es eleva,
como en todo trabajo que tú publicas.

Si mi lira tuviera cuerdas de oro
y pulsarla supiese cual supo Orfeo,
un canto te enviara tierno y sonoro,
como tú lo mereces y es mi deseo.

Pero es grato a mi alma significarte
que en mí, será perenne la gratitud;
y no hallando otra prueba de ella que darte,
¡te doy las pobres notas de mi laúd...

Acógelas, benigno Ordóñez de Hara,
que su valor no estriba en su bondad,
sino en la circunstancia preciosa y rara,
de expresarte mi pura, fiel amistad...

---

[6] Luis Santiago Ordóñez de Hara (1871-1929). Intelectual afrodescendiente, maestro, poeta, declamador, escritor, periodista y pintor de Santa Clara.

Amistad que se funda en el aprecio
que hace de tus virtudes quien te comprende,
y sabe que desprecias al mundo necio,
y que tienes un alma que no se vende.

¡Alma que no desciende hasta la escoria!
Que en las alturas vive de su ideal,
y que en su afán creciente de luz y gloria,
¡siempre aparta sus alas del lodazal...

Por eso, aunque no fuera por gratitud,
yo mi lira pulsara para ensalzarte,
pues eres por tu genio y tu virtud,
digno del homenaje que hoy vengo a darte.

Si Fernández fue injusto —que no lo creo—[7]
al dejar esta *Espiga* obscurecida,
ya de tal injusticia, por lo que veo,
estoy, amigo Ordóñez, bien resarcida.

Pues sabes que Silveira, mi viejo amigo
a quien quiero y estimo igual que a ti,
al ser de dicha falta, cual tú testigo,
¡ya sus lanzas, valiente, rompió por mí!

---

[7] Se refiere al volumen de Manuel Fernández Valdés *Espigando* (Habana: Imp. La Correspondencia, 1906). El autor del referido texto se ocupó de reseñar a los autores e intelectuales güineros conocidos hasta esa fecha en un apéndice, y Cristina Ayala no aparece mencionada. Fernández Valdés (1851-1940) fue un pedagogo, poeta y periodista güinero.

Por eso es que yo entiendo, que al excluirme
del folleto *Espigando*, su culto autor,
para mi gloria y dicha, lejos de herirme
esa omisión resulta a mi favor.

Ella me ha demostrado, que amigos fieles
tengo en el mundo, cultos y de valer,
que si mustios y ajados ven mis laureles,
¡en mi frente los hacen reverdecer...!

1909.

Mis encargos

(Al ilustre poeta español, Salvador Rueda[8], en su visita a Cuba)

Lleva ¡cantor magnífico! lleva a tu regia España
las gratas impresiones que recogiendo estás,
en esta hermosa tierra del tabaco y la caña
que si un siglo vivieres, olvidar no podrás.

Llevade estas montañas, leva de estas praderas,
lleva de estos arroyos la imagen inmortal,
y, con pincel de oro, pinta como tú quieras,
de nuestro sol radiante, el brillo sin igual!

---

[8] Salvador Rueda (1857-1933). Periodista y poeta español asociado estéticamente con el modernismo.

Cuenta que aquí hay flores de perfumes divinos
que el ambiente embalsaman del cubano pensil;
y pájaros rarísimos de primorosos trinos,
que el oído embelesan con su arpegio sutil.

Dile a las andaluzas, tus preciosas hermanas,
esas que de Salero son un rico ejemplar,
que en esta tierra espléndida se ven muchas cubanas,
que en el garbo y la gracia las pueden igualar.

Refiere a tus artistas que aquí también hay Arte
a tus bravos guerreros, que también hay valor;
y si algo más sublime, quieres para inspirarte,
¡diles de nuestras almas, el fraternal amor...

Diles, como olvidando rencillas y pasiones,
a quien «honor se debe», honor queremos dar;
y sin mezquinos odios en nuestros corazones,
de España las grandezas, sabemos apreciar.

Y que hasta la más ínfima poetisa de Cuba,
la que al Parnaso, nunca tal vez llegar podrá,
¡hoy pulsando su lira, quiere que al cielo suba
el canto que a tu gloria, consagrándole está!

Lleva ¡poeta ilustre! lleva a tu regia España
las gratas impresiones que recogiendo vas
en esta hermosa tierra del tabaco y la caña,
que si un siglo vivieres, sé que no olvidarás.

Lleva tus impresiones; y cuéntale a tus Reyes,
que una hermana de Plácido el bardo que extinguió

la vida, bajo el Código de sus antiguas leyes,
lejos de escarnecerte, ¡por tu gloria cantó...!

1910.

Décimas glosadas

(Dedicadas a la ilustre poetisa puertorriqueña, Lola Rodríguez de Tío[9])

«*Cuba y Puerto Rico son
de un pájaro las dos alas;
reciben flores o balas
sobre el mismo corazón*».

I.
Una entusiasta cantora
que ha tiempo en mi Cuba
bella brilla con fulgor de estrella
y resplandores de aurora,
que en su cerebro atesora
patriótica inspiración,
ha dicho, en una canción
saturada de civismo,
que hermanas en heroísmo
Cuba y Puerto Rico son.

---

[9] Lola Rodríguez de Tió (1843-1924). Poeta puertorriqueña que residió durante varias etapas de su vida en Cuba.

II.
Y, hermanas son en verdad
estas dos islas preciosas
que ofrendaron generosas,
su pueblo a la libertad.
Pero la Fatalidad
con todas sus artes malas
hizo Lola, que las galas
de tu patria marchitaran,
¡lo mismo que si cortaran
de un pájaro las dos alas!

III.
Y tú, que quisiste hacer
grande y feliz cual ninguna
a la tierra que tu cuna
ilustre viera nacer,
que supiste descender[10]
serena a las antesalas
de la Muerte, pues te igualas
a los Caudillos valientes
que en su pecho, indiferentes
reciben flores o balas,

IV.
Tú no has tenido la gloria
de verla libre y dichosa
enarbolando orgullosa

---

[10] Se refiere a los peligros que dicha poetisa arrostró cuando la conspiración de Puerto Rico, llamada de los Secos y Los Molados. Véase su Biografía [Nota del original].

el pendón de la victoria...
Mas... si observas nuestra historia
y piensas con detención
de Cuba en la situación,
verás que, por negro arcano,
¡nos hirió la misma mano
sobre el mismo corazón...!

En la palestra

(Para Serafín del Monte, por sus misivas a Rosa The)
Pidiendo se invite a todos los escritores y poetas güineros,
para cambiar impresiones.

A un literato güinero
que solo tiene *del Monte*
una pluma de sinsonte
y los trinos de un jilguero,
las gracias mandarle quiero
por su acción discreta y fina
supuesto que no elimina
por más que ello me asombre,
de entretanto ilustre nombre
el modesto de, Cristina.

Puede que en tiempo
pasado lo olvidará indiferente;
pero su atención presente
deja al olvido borrado.
Y este proceder honrado

me prescribe que le diga:
¡he aquí mi mano amiga;
estréchala fraternal,
que te la ofrezco leal
puesto que, «Nobleza obliga»!

Sí, Serafín, claro veo
aquí, tus laudables fines;
tú quieres que siempre en Güines
las Letras en su apogeo
se encuentren; que un Ateneo
sea nuestra hermosa villa
donde la cultura brilla;
y como tan alto sueñas,
por eso es, que no desdeñas
ni aún a mi pluma sencilla.

Pues bien: con tu noble
intento has reanimado mi lira;
¡y es que el poeta se inspira
cuando le infunden aliento!
En mi ser vibrar ya siento
algo que, con voz serena
me dice: ¡vence tu pena!
¡No desoigas la demanda!
¡Álzate, Lázaro! ¡anda!
¡Lleva tu grano de arena!

Y... aquí estoy en la *Palestra*,
con el fardo de los años,
achaques y desengaños
mas... ¡con mi pluma en la diestra!

Ninguna idea siniestra
se atreve a turbar la calma
que ha mitigado en mi alma
de la tristeza el delirio
y de gloria o de martirio
¡firme llevaré la palma!

Para que tu hermoso sueño
se convierta en realidad
y de solidaridad
venga el ambiente halagüeño,
es preciso que haya empeño
en seguir las instrucciones
que, con sólidas razones
en tus «Misivas» anotas,
y, *que armonicen las notas*
en todos sus diapasones.

Que en las fiestas culturales
reine siempre el Altruísmo
dominando al Egoísmo,
origen de muchos males.
Que como amigos leales
se unan bardos y escritores
desechando los errores
de injustas preocupaciones,
y honren con sus producciones
al pueblo de sus amores.

Entonces, con dos banderas;
la tuya conciliadora
y la de la Directora

de nuestra *Letras Güineras*
iremos a donde quieras,
entusiasta Serafín!
y verás, que del jardín
de tu valle predilecto,
con flores del intelecto,
se llena el vasto confín!

1920.

Mi saludo para *Apolo*[11]

Como la golondrina que ráuda pasa
anunciando su vuelta con alegría,
ha llegado sonriente hoy a mi casa
una nueva Revista que se me envía.

He leído gustosa su rico texto;
y esta amena lectura me ha comprobado
que hay buenos jardineros del intelecto
cultivando las flores de nuestro prado.

Esto llena de orgullo mi alma de artista
a que ha tiempo las alas plegó el dolor,
pero que al dulce influjo de esta revista
vuelve a elevar su vuelo como el cóndor,

---

[11] Nombre de la revista [Nota del original].

Y pulsando mi lira, con temblorosa
pero entusiasta mano, quiero mi canto
mandar a esa Revista que, bondadosa
viene a ungir mis heridas con óleo santo.

¡Que dure muchos años la honrosa vida
de esa estrella radiante y cultural
que me indica de nuevo con su venida,
la senda abandonada del ideal.

Febrero de 1921.

Mi ofrenda

(Para María Ladicane)

¡Pobre mujer! que fuerte y abnegada,
con afanes constantes y prolijos,
en tu modesto hogar, ¡aún mutilada
buscas el pan para tus tiernos hijos!

¡Pobre mujer! a quien la suerte impía
señalara un calvario doloroso,
nublando para siempre tu alegría
al quitarte tus piernas y tu esposo...

Yo que sé de pesares escondidos,
que he sufrido tremendos sinsabores,
quiero que de mi lira los sonidos
mitiguen algún tanto tus dolores.

De esa lira, las cuerdas hoy pulsando,
para dar a tu duelo alguna calma,
este canto tiernísimo te mando
donde vibran las notas de mi alma...

Muchos te ofrecen pecuniarios dones
para aliviar tu inmensa desventura,
y en todos los cristianos corazones
hay para ti raudales de ternura.

Al genial maestro de música sr. Miguel Rojas

(Recitada en la fiesta que, en homenaje a su triunfo en un Concurso musical, le fue ofrecido en la Bella Unión Güinera)

Tu nombre, ya besado por la Gloria,
ocupará en los futuros años
una página honrosa en nuestra Historia,
admirado de propios y de extraños.

El Genio en tu cerebro tiene asiento;
y a su impulso, tendiendo ráudo vuelo,
llevarás por tu mágico talento
el arte musical, al divo cielo.

A ese cielo, do en dulce compañía
viven radiantes tres hermanas bellas:
Tersípcore, Melpómene y Talía,
coronadas de soles y de estrellas.

En tus venas hay sangre de elegidos;
pues ya, con sus arpegios de jilguero,
un tiempo deleitó nuestros oídos
¡aquel sublime «Nicolás Güinero»!

Aquel maestro como tú, inspirado,
que en toda Cuba a conocer es diera,
y que logró elevar a un alto grado
la gloria de la música güinera.

Tú heredas de su genio la excelencia;
y modesto como él, marchas sereno
a la conquista de la inteligencia
sin libar del orgullo el cruel veneno.

Y por eso tu pueblo en este día
su homenaje te ofrece emocionado
probándote con esto la alegría
que tu glorioso triunfo le ha causado.

Sigue Maestro, por la noble senda
que el Genio y el Saber te señalaran,
y recibe benévolo la ofrenda
que tus méritos grandes me inspiraran.

Yo que de hermana tuya y de güinera
los títulos ostento, hoy te envío
con estos versos, la expresión sincera
del puro afecto y del aprecio mío.

Y ruego al Cielo, que en tu ilustre
frente luzca siempre el laurel de la victoria,

y que en Güines se cite reverente
tu nombre, como símbolo de gloria.

1923.

Mi auto-felicitación

Hoy es mi cumpleaños, ¡con cuánto gozo ansiaba
en épocas felices que muy lejos están,
el grato aniversario que mi hogar alegraba
con fiestas y agasajos que ya no volverán...

Era en aquellos tiempos en que, de nuestra vida
sólo vemos la senda cubierta de verdor;
senda, que siempre ostenta en nuestra edad florida,
de bellas ilusiones el prisma seductor.

Hoy es mi cumpleaños; y en vano evoco aquellos
halagos familiares de que un tiempo gusté,
cuando de amor y gloria a los vivos destellos
mi vida, iluminada, alegre contemplé.

Hoy, solitaria y triste, en mi hogar retirada,
sin padres, sin esposo, sin hijos de mi amor,
¡miro llegar la fecha que fue tan celebrada,
sumida en el silencio augusto del Dolor...

Pero en medio de tanta tristeza, el alma mía
una ilusión conserva y de ella sigue en pos:

y es, la de que en su duelo y soledad sombría
como el más fiel amigo el queda siempre, ¡Dios!

1923.

A Julita Trujillo

(Para el Álbum de esta preciosa niña, a petición de su cariñosa tía, nuestra culta y admirada Rosa The.)

Adorable muñequita
que con tu gracia divina
de tu amorosa madrina
eres la gloria mayor,
a ti lleguen estos versos
impregnados de ternura
conque elogio la hermosura
de tu rostro encantador.

Cuando a la tierra viniste
para alegría y consuelo
de tus padres, desde el Cielo
un ángel bello bajó;
y posándose en tu cuna.
en tu tierna y pura frente
la corona refulgente
de los *Dones*, colocó.

Entre ellos, la Simpatía
y la Gracia, combinadas,

se disputan denodadas
el preferente lugar;
pero hay otro don más rico
en esa hermosa corona,
que avalora tu persona
de manera singular.

Y es, la asombrosa energía
de tu clara inteligencia
do se vislumbra la herencia
que algún día adquirirás;
Esa diadema de gloria
que hoy ciñe la ilustre frente
de tu tía, y que, esplendente,
tú también ostentarás.

¡Que el talento y la virtud
a tu gracia y gentileza
se unan siempre, y su belleza
sea tu más caro ideal,
y que, exenta de pesares,
pases del mundo el trayecto,
dejando por tu intelecto
en él, un nombre inmortal!

1923.

Al culto periodista Ramón Vasconcelos[12]

No te conozco, hermano, pero tu nombre egregio
que ya es de Cuba gala y de mi raza honor,
merece que mi lira, un dulce florilegio
de versos armoniosos, entone en tu loor.

Tu eres de los que empuñan la daga damasquina
y embrazando el escudo donde campa el honor,
se lanzan a la arena, proclaman su doctrina,
y en ella la sostienen con cívico valor.

Tu pluma en unos casos, es el terrible ariete
que derriba murallas que muy sólidas son;
y en otros, se transforma en el fino estilete
que con su aguda punta produce una incisión.

En esa pluma dúctil, se ve toda la gama
de pensamientos nobles que en tu imaginación
quiso poner el Genio, y la entusiasta llama
que de amor por la Patria, arde en tu corazón.

Tú, que eres *Pino Nuevo*, que luchas abnegado
por nuestra democracia como bravo adalid,
y en esas luchas cívicas, dejas siempre probado
que eres tan valeroso como el invicto Cid.

Permite que mi pluma, que ya muy pronto rota

---

[12] Ramón Vasconcelos (1890-1965) Periodista afrodescendiente y político cubano.

estará por la Muerte, pues venenoso aspid[13]
consume mi existencia, a la tuya devota,
abrace, cual la hiedra a la frondosa vid.

Y que llena de orgullo, te proclame una gloria
de nuestra hermosa Cuba, que agradecer sabrá
tu labor tan ingente, y sin duda, en la historia
de sus preclaros hijos, tu nombre inscribirá.

Y cuando en breve sepas que terminó mi vida,
que mi alma a lo infinito se ha remontado ya,
espero, que tu pluma, también, agradecida,
para mi humilde nombre, un recuerdo tendrá.

1923.

Sr. Ernesto Fernández Arrondo[14]

(Al inspirado y popular poeta güinero en prueba de gratitud, por su fraternal envío)

¡Bronces de Libertad! nombre glorioso
el de un tomo de versos que me envía
      en este fausto día,
un bardo excelso de mi valle hermoso.

---

[13] El cambio de acentuación por parte de la autora responde a la necesidad de la rima. Por eso no ha sido corregida la ortografía.

[14] Ernesto Fernández Arrondo (1897-1956). Poeta y escritor de Güines, Cuba.

¡Bronces de Libertad! ¡qué dulce encanto
ha vertido en mi alma su lectura!
      ¡qué delicia tan pura,
para mí, que a la Patria adoro tanto...

Brillantes, puros, límpidos y tersos
como el oro fundido en un crisol;
      fúlgidos como el Sol,
así, poeta ilustre, son tus versos.

Tú que ya, consagrado por la Gloria
eres de nuestro Güines honra y fama,
      de Güines que te ama
y que tu nombre grabará en su historia,

recibe junto con las gracias mías
el homenaje a tu inspirado estro,
      y que tu hermoso plectro
siga vibrando en bellas poesías.

Tu libro guardaré como un tesoro;
y con afecto fraternal y santo,
      te doy mi pobre canto
¡poeta ilustre de la lira de oro!

      1923.

Contestación IV

(Al culto joven e inspirado poeta Gregorio Delgado y Fernández[15])

Oí una vez tu cultural lenguaje
y auguré de tu plectro la armonía;
mas... ¡nunca imaginé, que en homenaje
me ofrecieras tan magna poesía...

Al peso del laurel, doblo mi frente;
pues sé, que no merezco los honores
de que a mi humilde lira, reverente
culto, le rindan bardos y escritores.

Como canta el sinsonte en la enramada
porque Dios puso un arpa en su garganta,
así, al mirar sus obras, extasiada
es inspira mi alma, y cual un ave, canta.

Mas, no siempre a las métricas medidas
se ajustan mis agrestes melodías;
pues tal como por mi alma son sentida,
salen a veces las canciones mías.

Yo rindo culto a la Naturaleza
en sus diversas manifestaciones,
y a celebrar su espléndida belleza
dediqué mis mejores concepciones.

---

[15] Gregorio Delgado Fernández (1903-1964). Periodista e historiador cubano que también escribió poesía.

También canté los hechos más salientes
que se registran en la patria historia,
y las proezas de sus combatientes
he consignado en páginas de gloria.

Mas... ¡ante la divina Poesía
todo lo grande y bello palidece;
que en su sagrado altar, el alma mía
rendida adoración, siempre el ofrece...

Por eso, al escuchar hoy el acento
de tu lira sublime, con locura
latió mi corazón, y un sentimiento
brotó hacia ti, de fraternal ternura...

De esa lira, las tiernas vibraciones
las fibras de mi alma han conmovido;
y la más honda de mis emociones,
al oír los arpegios he sentido...

Tú que tan joven eres y ya entiendes
del alma los recónditos arcanos,
sobre las llagas de la mía, ¡extiendes
bálsamo suave con piadosas manos...

Y, quiero confesarte sin sonrojos,
que leyendo tu intensa poesía
nublaron tantas lágrimas mis ojos...
que... en algunos momentos... ¡no veía...!

Tu ofrenda guardaré, ¡vate inspirado!
y ruego a Dios te otorgue la alta gloria,

¡de que veas tu nombre consagrado
entre los bardos de inmortal memoria...

1923.

Canto de gratitud

(Para el distinguido literato e inspirado poeta, Dr. Manuel Fernández Valdés[16], por el benévolo juicio crítico que de las obras poéticas de la autora publicó en la Revista Albores*)*

¡Una gota de agua en el desierto
halló por fin el pobre peregrino;
alegre y animoso, su camino
        ya puede continuar.

¡Una gota de agua que, piadosa
brotó de un manantial puro y fecundo,
y al pobre peregrino moribundo
        ha hecho reanimar!

Cruzando triste, la penosa senda
que al Templo de la Gloria lo guiaba,
en su largo trayecto, siempre hallaba
        escueta soledad.

Pero en su pobre corazón, herido
por el dardo fatal del desencanto,
han venido a verter el óleo santo,
        «Altruísmo y Equidad».

---

[16] Véase el poema «Contestación III» y sus notas.

En el desierto de mi triste vida,
has venido a sembrar ilustre amigo
para dar a mi alma grato abrigo
    el láuro alentador...

Y henchida de placer el alma mía
fervorosa le pide a mi laúd,
que en prueba de su inmensa gratitud,
    hoy vibre en tu loor.

Ya marcho firme, con la frente erguida
a conquistar el Templo de la gloria,
porque sé, que mi nombre en nuestra historia
    alguien escribirá.

Ese «alguien» serás tú, güinero excelso,
que enamorado del del «Terruño» vives,
y si la historia de tu Villa escribes,
    él allí brillará.

Recibe junto con las gracias mías,
esta expresión de fraternal cariño;
y, puesto que admiraste desde niño
    mi esfuerzo colosal,

en pro de la cultura y el progreso,
no dudarás de mi sincero afecto
hacia ti, que eres Rey del intelecto
    ¡Oh, güinero genial!

        1823.

Srta. María Regla Valdés y Cárdenas

(A mi distinguida amiguita y culta compañera, que publicó en Albores *un bello artículo donde decía que me envidiaba por ser yo poetisa)*

No envidies, bella amiga
    nunca al poeta;
no envidies de estos seres
    la triste vida;
¡mira que tú no sabes,
    cuánta secreta
amargura, en nuestra alma
    hay escondida!

El alma del poeta
    es tan sensible
que el más ligero golpe
    la hace sufrir;
y como siempre ansía
    un imposible
¿qué ha de hacer al no hallarlo
    si no es gemir?

Tú dices que conmuevo
    los corazones
con el eco armonioso
    de mi gemido,
pero ¡ay, amiga mía!
    ¡cuántas canciones
tengo, que a publicarlas
    no me he atrevido...

Son misteriosas páginas
    de mi vida,
que si tú las leyeras
    te horrorizaras:
pues en ellas verías,
    que esta alma herida
ha sufrido, cual nunca
    te imaginaras...

Ella, a los rudos golpes
    del cruel Destino
ha plegado sus alas
    llena de angustia,
y de la triste vida
    sigue el camino
cual planta que vegeta
    pálida y mustia.

Y, a veces, ¡contrastando
    con sus pesares,
esta alma acongojada
    templa su lira,
y dando al aire, alegres,
    dulces cantares,
os deleita el oído
    con su mentira...

Pero, mientras vosotros,
    tal vez el canto
celebráis por su estro
    o su alegría,
¡quién sabe si en mi alcoba,

                acerbo llanto
vierto por la honda pena
                del alma mía...

No envidies, pues, amiga,
                a los poetas.
No anheles de estos seres
                la triste vida;
¡mira que tú no sabes,
                cuántas saetas
nos causan en el alma
                profunda herida...!

                1924.

U̲n̲ ̲n̲u̲e̲v̲o̲ ̲a̲ñ̲o̲

(Segundo aniversario de Albores*)*

Hoy cumple un nuevo año la preciosa Revista
que en nuestro mundo culto tantos lauros conquista
la que marcha triunfante por su senda de flores
siendo blasón de gloria para sus fundadores.

Hoy cumple un nuevo año de vida y de ventura
el exponente bello que en Güines, la cultura
demuestra de la raza que, a esfuerzos soberanos
les debe el alto timbre de «ilustrados cubanos».

Hoy cumple un nuevo año; y al celebrar su «día»,
de placer inefable se inunda el alma mía;

porque entre los productos del humano intelecto,
yo siento por *Albores* mi más intenso afecto.

Ella es para nosotros el faro luminoso
que alumbra el derrotero en el mar escabroso
por donde hasta hace poco íbamos navegando
sin hallar una «Estrella que nos fuera guiando.

Por eso la saludo con efusión sincera
en este aniversario, y si posible fuera,
le brindara en estrofas orladas de brillantes,
el premio que se debe a sus triunfos gigantes,

¡Que este premio le otorgue nuestro querido Güines
a los modestos hijos que, nobles paladines,
llevan el estandarte de Cultura y Progreso
venciendo con su esfuerzo constante, al «Retroceso»!

Y que llegue hasta ellos el eco de este canto
que por su honor y gloria entusiasta levanto,
para que, confortados, prosigan impasibles
arrollando valientes, ¡todos los imposibles...!

1925.

Canto a la raza española[17]

¡Oh Raza heróica! ¡Raza de mis progenitores!
¡Raza donde tan alto el patriotismo brilla!
¡Raza del gran Pelayo! ¡Raza del gran Padilla!
de los invictos Reyes, de España Redentores,
Isabel y Fernando, de León y Castilla!

Quiero en tu honor, ¡Oh Raza! de mi templada lira
arrancar dulces notas que vibren armoniosas,
para cantar aquellas hazañas portentosas
en que mi numen bélico, entusiasta es inspira,
y tu historia consigna en páginas gloriosas...

Y hojendo estremecida los fastos de esa historia,
relataré de algunos de tus hijos preclaros,
aquellos nobles hechos que, cual radiantes faros
honor y brillo inmenso les dan a su memoria,
formando de su estirpe los blasones más caros.

Del insigne Pelayo la imagen rememoro
viéndole cual Centauro sobre el corcel piafante,
(con férrea lanza en ristre y espada centelleante,
en «Covadonga» invicta, del ejército moro
las innúmeras fuerzas desbaratar triunfante.

---

[17] Este Canto fue escrito con arreglo a las bases de los juegos florales que se iban a celebrar en la Habana año 1924, con motivo de la Fiesta de la Raza, pero no habiendo tenido efecto dicho Certamen, la autora lo publicó el año siguiente, dedicándolo a la Colonia Española de Güines [Nota del original].

Luchando con denuedo esa raza bravía
sostuvo cruentas guerras con el Moro invasor,
dando gallardo ejemplo de abnegado valor;
de firmeza indomable; de cívica energía,
y de culto ferviente al patriótico honor.

Del Apóstol Santiago, la sombra es aparece
en el combate heroico que Ramiro Primero
sostuviera en «Clavijo», guiándole certero
durante la jornada, ¡donde el moro perece
bajo el hierro mortífero del ejército ibero!

Y en «Navas de Tolosa», el Rey Alfonso Octavo
en unión de otros reyes, en batalla campal,
alcanza una victoria, ¡como no hay otra igual!
entre tantas que obtuvo aquel Pueblo tan bravo
antes de la epopeya de su triunfo final.

De los rasgos heroicos de tus hijos ¡oh Raza!
uno de los más grandes, fue el de «Guzmán el Bueno
que con noble entereza y corazón sereno
¡antes que dar cobarde de «Tarifa» la plaza,
dió la vida de su hijo al feroz agareno!

...–¡Y viene con los Reyes Católicos, la era
de expansión y grandeza de la Moderna España;
en la que, en portentosa y sin igual hazaña,
redimióse Granada, que cautiva gimiera
bajo la férrea mano de una Nación extraña...

Y vemos a esa Reina de noble corazón
y religión sublime, recursos aprontar

para llevar a cabo la Empresa singular
de aquel marino ilustre, que sin vacilación,
riba a buscar un «Mundo en un ignoto mar!

Y... ¿qué decir de aquellos bravos conquistadores?
¿de Cortés, de Pizarro y otros muchos iberos
que, para bien de España y en honor de sus fueros,
del hambre y de la Peste sufrieron los rigores
en lucha con los indios indómitos y fieros?

El temple de tus hijos, fundido en el crisol
de sus luchas continuas y su arrojo sin par,
les concedió la gloria, de poder demostrar,
que en tus vastos dominios, el esplendente Sol,
¡perenne, sin ocaso, tenía que alumbrar!

¡Y el Mundo Americano a tu poder se humilla!
Esclavas de tu Cetro fueron muchas naciones
del Nuevo Continente; y en ellas, los pendones
ondearon, donde campa la Enseña de Castilla
con sus doradas torres y sus fuertes leones!

Siempre ávida de gloria, a luchar con afán
al África se lanza tu falange guerrera;
al ejército moro derrota, y altanera,
en las inexpugnables murallas de Tetuán
¡logra clavar triunfante la española bandera!

Después... por una serie de errores, inherentes
a todos los Gobiernos, tus bravos hijos vieron
perderse poco apoco, los que en un tiempo fueron
de España poderosa, Estados florecientes,
y que por redimirse, sin tregua combatieron.

Mas, esto no te asombre, pues por paterna herencia,
los hijos de estas tierras, supieron del honor
tener gallardo gesto, y morir con valor,
por defender la Santa, preciada Independencia,
o sacudir el yugo de un Gobierno opresor.

Por eso, entre tus héroes, Daoiz y Velarde
ocupan en tu historia preferente lugar;
porque honrando a su patria, corrieron a vengar
al pueblo, que fue víctima, de la agresión cobarde,
de los que el Trono Hispano, querían usurpar.

Estos nobles patricios, sin miedo ni desmayo,
con el pueblo indefenso, causa común hicieron;
al frente del Gobierno, resueltos es pusieron
en aquel memorable, sangriento «Dos de Mayo»,
¡y orlados de laureles, gloriosos sucumbieron...!

En esa guerra heroica, que por su independencia
sostuvieron tus hijos con el usurpador,
¡fueron tantos sus rasgos de abnegado valor,
que no encuentro en mi lira ni una sola cadencia
conque a cantar me atreva, su gloria y su esplendor.

Saludaré tan solo, con santa devoción
¡a una mujer sublime! ¡a una mujer divina!
A la zaragozana; al intrépida Agustina
que en Zaragoza estoica, al pie de su cañón,
¡haciendo siempre fuego, murió como heroína...!

¡Oh raza ilustre! Raza de mis progenitores,
donde también muy alto el intelecto brilla!

Raza del gran Cervantes, del ínclito Zorrilla;
de Lope, Garcilaso, y tantos escritores
que de las buenas Letras han sido maravilla!

Hoy quiero que mi canto hasta el Empíreo suba;
y junto con el Himno que elevo a la memoria
de los hijos egregios que venera tu historia,
darte un cordial abrazo, en nombre de mi Cuba,
¡porque tu gloria antigua, fue también nuestra gloria...!

12 de octubre, 1925.

Elegías

Recuerdo venerado

*(A la memoria del Dr. Francisco Castellanos y Arango,
recitadas por su autora en el Liceo de Güines el año 1904)*

Si allá en la mansión sagrada
donde el Ser Supremo mora,
toda alma bienhechora
tiene derecho a la entrada.
Si en esa regia morada;
si en ese jardín ameno;
si en ese valle sereno
a do la maldad no alcanza
goza bienaventuranza
todo aquel que ha sido bueno.

Sin duda alguna, que ya
el cubano distinguido
que en Güines fue tan querido,
rodeado de Gloria está.
Aquí, por siempre será
su recuerdo venerado,
porque un ser tan ilustrado
tan noble, tan generoso...
¡un corazón tan hermoso,
no puede ser olvidado!

Este pueblo, agradecido
siempre, a sus benefactores,
viene a tributarle honores
a su médico querido.
¡Que nunca se dé olvido
a Francisco Castellanos,

que, sin distingos insanos
y con gran filantropía,
a los pobres atendía
como a sus propios hermanos!

Sobre su losa mortuoria,
en prueba de sentimiento
se elevará un monumento
que consagre su memoria.
Lápida recordatoria
con la que el pueblo güinero
le demostrará sincero
y de manera elocuente,
que por sus virtudes,
siente un respeto verdadero.

Si una corona merece
de inmarcesible laurel
quién siendo a su patria fiel
la vida por ella ofrece,
el sabio en quien resplandece
un alma piadosa y justa;
que siempre al deber se ajusta
al prodigar sus favores,
¡una corona de flores
merece en su frente augusta!

Esa corona, señores,
es la que hoy el ofrezco yo,
al que humano me auxilió
en mis acerbos dolores.
Y aunque no esparcen olores
las flores del pensamiento,

este, mi armónico acento
de gratitud expresiva,
¡será cual la siempreviva
que adorne su monumento!

1904.

Soneto

(A la memoria del Dr. Francisco Castellanos y Arango, recitada en el Casino Español de Güines)

Yo no puedo ofrecerte, Castellanos,
ni mármoles ni bronces suntuosos,
ni en poemas sublimes y grandiosos
tus virtudes cantar a los cubanos;

sólo puedo decir a mis hermanos:
¿véis tumba? ¡pues aquí llorosos
prosternémonos todos y piadosos,
unamos con respeto nuestras manos!

Que si esta no es la tumba de un guerrero,
que en la batalla, con tajante acero,
segando vidas conquistó laureles,

de un sabio es que consagró su ciencia
a salvar de los pobres la existencia;
¡su nombre ilustre, veneremos fieles...!

1900.

Flores para ultratumba

(A mi Madre)

Cuando hermosa y radiante
        la Primavera,
perfumes esparciendo
        va por doquiera,
        y hasta parece
que el sol, con nuevo brillo
        más resplandece.

Cuando un himno de vida
        canta Natura
que hace latir los pechos
        con más ternura,
        y de esmeraldas
montañas y colinas,
        visten sus faldas.

Cuando nuevos capullos
        echan las flores
y se oye el dulce ritmo
        de los amores,
        ¡Ay madre mía!
¡yo miro con tristeza
        tanta alegría...

Mi corazón no siente
        las emociones
que agitan de otros seres
        los corazones,
        ¡porque tú sabes

que esa estación me aporta
            recuerdos graves...

Sabes que fue una tarde
            de primavera
cuando vi tu semblante
            por vez postrera;
            y en el exceso
de mi dolor tremendo,
            le imprimí un beso...

Un beso saturado
            de angustia loca,
que por tu ausencia eterna
            te dio mi boca;
            ¡y de mi alma
al dártele, volaron
            ventura y calma...

Por eso es que no puedo
            ¡madre querida!
al mirar en mi Cuba
            bella y florida
            la primavera
cantarla tan alegre
            cual yo quisiera.

Mas... ya que no le ofrezco
            sonoros cantos,
piadosa le dedico
            recuerdos santos;
            y junto a ti,

hago surgir la imagen
          del gran Martí...

1907.

Mi flor

(A la memoria de nuestro inmortal poeta Plácido. *Recitada en la Sociedad Gran Maceo de Santa Clara el año 1911)*

¡Ven, lira mía, ven y préstame un acento
triste como la muerte, grave como el dolor,
que en un feblil sonido de amargo sentimiento,
rememore el martirio de este ínclito cantor...

Hoy quiero, arrodillada ante el templo del Arte,
a ti, ¡cantor insigne! que el Crimen inmoló,
una flor de mi alma sensible, dedicarte,
que adorne tu sepulcro que el Genio consagró.

Mas... esta pobre lira a quien invoco en vano,
¡no es posible que pueda en tu loor vibrar...
porque tal gloria, sólo pertenece al hermano,
que tu lira sagrada es atreva a descolgar...

Si a tu sepulcro llegan los ecos mundanales,
si en el espacio inmenso tu alma flotando está,
de nuestra patria historia, glorioso en los anales,
tu nombre esclarecido, habrás leído ya.

Y también habrás visto, que tu martirio cruento
no tan sólo en América honda pena causó,
sino que en toda Europa elevóse un lamento,
que de tu injusta muerte, valiente protestó.

Y que las bellas hijas de la Atenas cubana
lágrimas silenciosas vertieron de dolor,
al ver, que ya en la fosa, ¡aún en edad temprana,
sepultado quedaba su humilde trovador...

Y que en la misma España, que ordenó tu castigo
hay quien, dándose cuenta de tu genio y valer,
como pudiera hacerlo tú más rendido amigo,
hoy quiere tu memoria honrar y enaltecer.

Y al par que a los ilustres Próceres de la ciencia
que de su claro ingenio pruebas han dado allí,
así también, loores, respeto y deferencia,
sus sabios literatos ya tienen para ti.

¡Y es que tú lo mereces! España no se humilla
si acaso su injusticia intenta reparar,
pues al cantor glorioso de Mina y de Padilla,
bien puede concederle en su historia un lugar...

Al que en Oda sublime, inspirada y divina
de sus reinas cantara la gloria y la virtud:
al que a los pies augustos de Isabel y Cristina,
las notas ofreciera, de su dulce laúd.

Al mísero mulato, que al verse preterido
por las leves inicuas de injusta Sociedad,

¡nunca pulsó su lira para llorar herido
ni echar al mundo en su rostro su falta de equidad!

Que si un triste gemido, en su postrer mañana
brotara de su alma henchida de aflicción,
¡lleno al instante mismo de caridad cristiana,
para los que lo inmolan implora a Dios perdón...

Al inspirado vate que de la raza ibera
también formara parte por línea maternal,
¡y de su propia madre abandonado fuera
por una miserable preocupación social...

¿Qué menos puede darle esa España ilustrada
que, libre de prejuicios, recuerda con dolor
aquella hermosa vida que fue sacrificada?
¿Qué menos puede darle que un tributo de honor?

Plácido, y si los hijos de aquellos que dictaron
la inhumana sentencia que tu vida tronchó
hoy honran tu memoria, ¿qué harán los que lloraron
tu inmensa desventura cual la he llorado yo?

Los que en la triste noche de la raza oprimida,
en nuestro humilde albergue, oímos con horror
a la madre o la abuela, narrar estremecida
¡una *Sangrienta Historia*, temblando de pavor...

Historia, ¡la más negra, terrible y afrentosa
que de Cuba en el libro llegose a registrar...
que dejara en nuestra alma huella tan dolorosa,
que... ¡solo el patriotismo la ha podido borrar...!

Pues, ¿qué haremos, repito, tus hermanos en el Arte,
tus hermanos en la patria, tus hermanos en la piel,
sino es una preciosa corona consagrarte,
de mirtos, pasionarias, adelfas y laurel?

Ahí tienes de mi parte, esta flor que te envío;
no es cual tu *Siempreviva*, una flor inmortal;
más, lleva en sí, la esencia del pensamiento mío
de perfumar pretende tu losa sepulcral.

En la mansión Celeste donde sin duda moras
—porque tu cruel martirio te habrá llevado allí—
del Dios omnipotente a quien glorioso adoras,
el perdón y la gracia implora para mí.

Que yo cual tú, clemente, a los que me ofendieron
de mi vida en el curso, ¡llena de unción y fe,
si de arrepentimiento alguna prueba dieron,
olvidando la ofensa, siempre les perdoné...!

1909.

Sr. Miguel Cualba. A mi distinguido amigo

*(Recitada en una velada fúnebre en La Habana en el Primer
Aniversario de la sentida muerte de su hijo Miguelito)*

¡Qué triste es ver un árbol que erguido y altanero
hermoso se levanta del llano en la extensión,
caer bajo el empuje devastador y fiero,
del abrasante rayo, o terrible aquilón...

¡Qué triste es ver al Parca cuando impasible viene
su funesta guadaña blandiendo sin piedad,
y, ¡segadora impávida! su mano no detiene
ni el llanto de una madre, ni el ¡ay! de la orfandad...

Cuando en lo más florido de su bella existencia
un joven entusiasta luchaba con ardor
por ceñir a su frente el laurel de la ciencia
y ser de sus mayores, orgullo y esplendor.

Cuando todo se aunaba para el feliz destino
del que era prez y gloria de nuestra Sociedad,
¡viene esa Parca, airada a herirle en su camino,
y a sumir a sus padres en luto y soledad...

Y es, que en la vida humana, por ley ineludible
del aciago Destino que así lo decretó,
la ventura completa del hombre es imposible,
y en el mundo no hay goce, que el dolor no amargó...

¡Llorad, padres amantes, llorad con desconsuelo
al que vuestra delicia y vuestro orgullo fue;
que en vuestra cruel angustia y justísimo duelo
con mi sentido canto, os acompañaré...

Y si la tierna ofrenda del recuerdo amistoso
pudiere vuestras penas un tanto mitigar,
sabed que los amigos del joven virtuoso
que lloráis, hoy su nombre vienen a venerar,

Y que los compañeros que con él compartían
los bancos escolares, nunca le olvidarán;

pues todos, sus preciadas virtudes conocían,
y honor a su memoria, siempre tributarán.

¡Sí, dignos compañeros del desaparecido;
no echéis nunca en olvido al amigo leal;
al que a su buena madre y a su padre querido
siempre pruebas les diera, de respeto filial.

Y el mejor homenaje que deis a su memoria
sea, continuar la senda que él brillante os trazó,
para que podáis todos, alcanzar la alta gloria
a que Gualba aspiraba, y la Muerte truncó...

Y tú, mi noble amigo, a quien tal vez se deba
que mi modesto nombre tenga algún esplendor,[1]
recibe en estas notas de mi laúd, la prueba
de que entiendo y comparto, tu paternal dolor.

En medio de la pena que hoy mina tu existencia,
sirva de lenitivo a tu gran aflicción
saber que acompañando de tu alma la dolencia
de gratitud henchido, está mi corazón.

Y sirva de consuelo a tu dolor profundo,
saber, que el hijo tierno a quien llorando estás,
¡un nombre inmaculado ha dejado en el mundo,
que ni una leve mancha, empañará jamás...!

1910.

---

[1] Ese fue el primer director de periódico que me invitó a colaborar en su revista, en el año de 1888 [Nota del original].

Sr. José Trujillo y Armas

(En la sentida muerte del inspirado poeta güinero)

I.
¿Qué me anuncia esa campana,
que hiriendo está mis oídos
con sus lúgubres tañidos
en esta triste mañana?
¿Qué me anuncia esa campana,
que al oír su vibración
se oprime mi corazón
presa de mortal angustia
y caigo de hinojos, mustia,
balbuceando una oración?

II.
¡ay! ese bronce sagrado
nos anuncia plañidero,
que hoy un Patriarca güinero
por siempre nos ha dejado...
Que al Cielo se ha remontado
el alma pura y sencilla
del dulce bardo que, a orilla
del «Mayabeque» sonoro,
pulsaba su lira de oro
émulo del gran Zorrilla.

III.
¡Que hoy un noble corazón
ha cesado de latir...
¡Que se acaba de extinguir
un foco de inspiración...

¡Que en la celeste mansión
en donde los buenos moran,
junto a los que a Dios adoran
circundados por la gloria,
hay un ser, cuya memoria
todos los güineros lloran!

IV.
Y esa Campana afligida,
en esta suprema hora
nuestras preces nos implora
por el que dejó la vida.
Ella a rezar nos convida;
y con lengua triste, inquieta,
nos dice: «¡Güines, respeta
siempre el nombre inmaculado
de tu amante apasionado,
de tu inspirado poeta...

V.
«Al que a los muertos honró
elevando su plegaria
en la tumba solitaria
de quien nadie se acordó,
Al que tributo rindió
siempre al amigo querido
y con su canto sentido
la probaba su ternura...
¿al verle en la sepultura
podrás echarle en olvido?

VI.
«¡No! que su nombre será
símbolo de la hidalguía
y la dulce «Poesía»
su sepulcro velará...
La corona tejerá
de flores que, en elocuente
prueba de cariño ardiente
colocará respetuosa
formando diadema hermosa,
en su venerable frente».

VII.
Esto dice la campana
en su acento lastimero,
conmoviendo al Pueblo entero
en esta triste mañana.
¡Hasta la palma lozana
su altivo penacho inclina;
y en la montaña vecina,
los pajarillos canoros
despiden con tiernos coros
al cantor de «Onicagina»...

VIII.
Y yo, que su amiga fuí,
que su talento admiré,
que su genio respeté
y su inspiración sentí.
Que su alma comprendí,
alma de entusiasmo llena;
alma tan sincera y buena

cual la del cándido infante,
¡quiero en tan aciago instante
demostrarle mi honda pena...

IX.
Sí, ¡poeta esclarecido!
en tanto mi pecho aliente,
no es posible que mi mente
echarte pueda en olvido.
Un lugar muy distinguido
tienes en mi corazón,
y con sentida emoción,
esta «hermana» cariñosa,[2]
¡sobre tu mortuoria fosa,
deja su pobre canción!

1911.

RODOLFO FERNÁNDEZ

(En la sentido y trágica muerte de este culto maestro y festivo poeta Director de Güines de Rumba)

«Un átomo de consuelo
que mucho el dolor mitiga
es, ¡una lágrima amiga
que se vierta en nuestro duelo»...

---

[2] Se refiere al título de hermana en el Arte, con que el ilustre finado solía honrarla [Nota del original].

Busca, corazón herido
tu más amargo lamento
para unirlo al sentimiento
en que está Güines sumido.
Busca, corazón herido,
busca con ferviente anhelo
algo que mitigue el duelo
de un hogar que vierte llanto,
y llévale con tu canto
«*un átomo de consuelo*»...

Hogar ayer venturoso
y que tranquilo se hallaba,
porque en su seno habitaba
un hijo tierno y piadoso,
hasta ese hogar tan dichoso
y al que hoy la suerte enemiga
con su látigo fustiga,
llegue en mi triste elegía,
la nota de simpatía
«*que mucho el dolor mitiga*».

A esa madre adolorida
que llora por su hijo amado,
al padre que, resignado
sufre tan tremenda herida.
A esa familia afligida
es fuerza que yo les diga,
¡el infortunio nos liga,[3]

---

[3] Por tener a su único hermano, casi en trance de muerte [Nota del original].

y esta lágrima que vierto
por el compañero muerto,
«*es una lágrima amiga*...

Es lágrima silenciosa
de profundo sentimiento
al ver que un joven talento
bajó por siempre a la fosa
y que la lira armoniosa
que alegraba nuestro suelo
con sus arpegios del Cielo,
¡ya no tiene muda y rota,
ni una simpática nota
«*que se vierta en nuestro duelo*»!

1911.

Sr. Emilio Roger y Calle, en la sentida muerte

Alcalde Municipal de esta Villa. (Fragmento)

I.
Los pueblos tienen sus duelos
cual los tiene cada hogar;
ellos tienen que llorar
en sus grandes desconsuelos.
Al que, con nobles desvelos
siempre a Güines atendía
y con notable energía
laboró por su grandeza,

hoy con profunda tristeza
contempla en la tumba fría...

II.
La muerte con su misterio
ha envuelto al pobre MOSURA,
y una triste sepultura
le aguarda en el cementerio.
Mas... de Güines el criterio
unánime, le venera,
y en demostración sincera
de su gratitud ferviente,
a su entierro, reverente
va la población entera.

III.
Su cuerpo descenderá
al abismo de la «Nada»
pero su memoria honrada
en Güines perdurará.
Su recuerdo quedará
en sus obras esculpido;
y Güines, agradecido
a su actuación provechosa,
aunque esté bajo una losa
nunca lo dará al olvido.

IV.
Todo el que sienta en su pecho
amor por lo cultural,
de ese Alcalde sin igual
tiene que estar satisfecho;

pues es notorio, que ha hecho
en breve tiempo MOSURA,
de una pocilga oscura;
nauseabunda y peligrosa,
una población suntuosa,
un emporio de hermosura.

V.
Güines, al Alcalde bueno
que por ti tanto luchó,
¡no le des en pago, no
de indiferencia el veneno!
Con espíritu sereno
piensa en su merecimiento;
recuerda por un momento,
que en la paz como en la guerra
fue benéfico a su tierra
¡y elévale un monumento!

1915.

Sr. Don Nicolás García Pérez

En la sentida muerte del ilustre educador güinero

Murió el sabio que a tres generaciones
con la luz de su ciencia iluminara
y por la senda de deber guiara
multitud de infantiles corazones.

El ilustre mentor que sus lecciones
en magníficos temas explicara
y con experta mano, desgarrara
de la obscura ignorancia los crespones.

¡Ya muerto está! bajo una helada losa
quedó su cuerpo inerte sepultado;
la materia mortal, allí reposa,

mas su espíritu al Cielo se ha elevado,
¡y está gozando la impresión hermosa
de ver su nombre aquí glorificado...

Al Mismo

Los lirios más blancos de nuestros vergeles;
las rosas más bellas de nuestros jardines;
nuestros más fragantes y frescos jazmines,
los más verdes ramos de nuestros laureles.

De nuestros pintores los suaves pinceles,
los cánticos dulces cual de serafines
de los inspirados poetas de Güines,
todo esto en su tumba, depongamos fieles.

Que eso y más, merece el Mentor amado
que con fe sublime y ejemplar paciencia
hizo de su vida santo apostolado,

y que, medio siglo de honrada existencia
consagrara, siempre noble y abnegado
impartir en Güines la luz de su ciencia.

Agapito Méndez

Un recuerdo. A la memoria de mi distinguido amigo

I.
Ya guarda la tumba fría
los restos inanimados
de otro bardo, que inspirados
cantos, nos brindara un día.
Tras una lenta agonía
y una vida de amargura,
este vate sin ventura
hoy, en brazos de la «Muerte»
víctima de adversa suerte,
desciende a la sepultura.

II.
Era su lira sencilla
pero dulce y armoniosa
y siempre vibró gozosa
en honor de nuestra villa.
Del Mayabeque a la orilla
iba a calmar sus pesares
contemplando los palmares
que embellecen nuestro suelo;
y dando tregua a su duelo,
entonaba sus cantares.

III.
Enfermo, pobre y anciano,
sin ilusión ni alegría
¡aún pulsaba todavía
su laúd, con diestra mano!
Y aunque el Destino inhumano
en él se ensañó violento,
era tal el sentimiento
poético que abrigaba
su alma, que le consolaba
de ese laúd el acento.

IV.
En él, un amigo hallaba
que nunca falso le fuera
y solícito le diera
lo que el alma ambicionaba:
Y yo, que siempre admiraba
al pobre mártir poeta
que ya. reposa en la quieta
profundidad de la fosa,
le dedico cariñosa
esta sencilla violeta.

1923.

Sr. Antonio Valdés Voces

En la sentida muerte

Cual la encina que altiva y arrogante
ese eleva añosa en la montaña umbría
y el rayo, con horrenda tiranía
en cenizas convierte en un instante,

así ha caído al golpe fulminante
de la guadaña de la Parca impía,
el venerable anciano, que alegría
y orgullo fuera de su hogar amante...

¡Ya no existe VALDÉS.... ¡ya su tributo
pagó a la tierra el incansable obrero.

De su honorable vida, como fruto,
deja el aprecio de este pueblo entero.

Y en su bendito hogar que hoy viste luto,
¡un, culto ardiente e imperecedero...

1923.

Dr. Raimundo Cabrera

A la memoria del ilustre patricio y eminente escritor. En el primer aniversario de su sentida muerte

Cuando muere un atleta de la *Idea*,
cuando desciende hasta el sepulcro frío
un genio que radiante centellea
   que piensa, siente y crea,
¡en la esfera social queda un vacío!

Queda un vacío y un dolor profundo
cuando se pierde un intelecto de oro;
cuando desaparecen de este mundo
   hombres como Raimundo,
que de ciencia y virtud fueron tesoro.

Y al recordarles, con pesar intenso
la Patria llora al ciudadano ilustre
que su respeto, su cariño inmenso
   y su saber extenso
siempre el dio para aumentar su lustre.

Por eso, en aquel día en que muriera
el escritor fecundo e inspirado
que orgullo y gloria de su patria fuera;
   ¡el ínclito Cabrera,
el Pueblo sollozaba emocionado...

Si Cuba entera exalta la memoria
de aquel hijo preclaro, sin mancilla,
que tan brillante página de gloria

ha dejado en su historia,
¿qué debemos hacer en esta villa?

¡En esta villa, donde su cariño
con santa devoción se vinculaba...
do feliz juguetera cuando niño
   y su alma de armiño
al ver estas campiñas se extasiaba...

Donde esparciera las primeras flores
del jardín de su mágico intelecto;
donde cuna tuvieron sus amores;
   donde a sus Profesores
honrara siempre con filial afecto.

Donde una madre buena y amorosa
le brindaba el calor de su regazo...
donde más tarde, pura y cariñosa
   le entregara una esposa
su amante corazón, en dulce lazo...

En esta villa, donde transcurriera
del sabio ilustre y pensador profundo
esa edad juvenil tan placentera,
   ¡qué el nombre de Cabrera
perdure tanto, como dure el Mundo...!

   Mayo, 21 de 1924.

Mario Díaz Roque

A mi distinguido amigo y compañero. En la sentida muerte de su inolvidable «Nena»

Cuando sus alas bate el Ángel de la muerte
y sobre otro ángel bello, despiadado se posa,
cuando hasta la profunda oquedad de la fosa
le lanza, convertido en un despojo inerte,

entonces ¡ay! entonces es cuando el alma fuerte
que al «Divino Maestro» adora fervorosa,
a sus altos designios se inclina respetuosa,
y acata resignada el fallo de la Suerte...

¡En este duro trance te hallas hoy, pobre amigo!
se ha truncado el proyecto de aquel feliz hogar
que, unido a un ángel cándido, del Amor al abrigo,

henchido de ilusiones ibas pronto a formar...
¡déjame que en tu duelo venga a llorar contigo,
ya que tu inmensa pena, no puedo consolar...

Septiembre, 20 de 1924.

Sr. Pedro Rojas Rodríguez

A mi distinguido amigo y compañero. En la sentida muerte de su querida madre

Quisiera acompañarte en tu dolor terrible
y con mi pobre canto, prestarte algún consuelo,
pero de tu alma noble ¡es tan inmenso el duelo,
que intentar mitigarlo, es casi un imposible!

La destructora Parca, siempre cruel e inflexible,
con doble golpe hoy viste tu hogar de negro velo;
sumiendo en un profundo y amargo desconsuelo,
de unos hijos amantes, el corazón sensible.

Solo el Eterno Padre, con mano cariñosa,
de tu alma acongojada podrá cerrar la herida;
y al verte prosternado, orar sobre la fosa

que guarda los despojos de tu madre querida,
¡te mandará clemente su bendición piadosa,
y en tu pecho, la calma será restablecida.

                Septiembre, 4 de 1925.

Páginas románticas

A UN AMIGUITO, EN SUS PENAS AMOROSAS

Ven a mi hogar tranquilo, dulce amigo.
Ven a rendir al Arte tus ternezas,
y cuéntame los duelos o tristezas
        que amargan tu existir.

Dime si nos has sentido la alegría
de ver cuál se dibuja en lontananza,
el ángel en quien cifras la esperanza
        de un bello porvenir.

No temas no, turbar mi paz hermosa
con el relato fiel de tus dolores,
porque yo, del jardín de los amores
        las flores aspiré.

Y ocultas por sus pétalos divinos
como se esconde entre la selva hojosa
la culebra sutil y venenosa,
        espinas encontré...

Yo, cual marino que, tras fiera lucha
logra a través del huracán deshecho
su nave conducir, ya satisfecho
        a puerto salvador,

así, del huracán de las pasiones
en el mar proceloso de la vida,
a mi alma, cual nave combatida,
        defendí con vigor.

Y la conduje hasta el seguro puerto
de la «Razón»; y ya en él amparada,
aunque por las borrascas azotada
        pudo por fin anclar

¡Ven, dulce amigo! cuéntame tus penas;
no temas no; turbar mi dulce calma,
que si tienes pesares en tu alma,
        yo los puedo aliviar.

        1908.

¡Sin corazón!

¡Ella era feliz! por largo tiempo
su corazón sencillo y soñador,
velado por las Musas sus amigas,
        tranquilo reposó.

¡Ella era feliz...! mas, vino Apolo
acompañado del vendado dios,
y tocando a las puertas del dormido
        éste se despertó.

Al verse prisionero en el recinto
donde por tanto tiempo es abrigó,
con furia, por unirse al que llamaba,
        sus paredes golpeó.

Este recinto, que era el pecho de ella,
¡sufrió terrible, grave conmoción!
y en fuerza de los golpes repetidos,
        detrozado quedó.

Al contemplar Apolo la ancha brecha
que el pecho destrozado le ofreció,
entrando en él con el travieso alado,
        ¡llevóse el corazón...

Y ella vive sufriendo desde entonces
de un cruel martirio la agonía atroz,
pues de su pecho, la profunda herida
        ¡curar no puede no!

        1909.

Tristezas

¿Qué triste está la niña, ¡la de blondos cabellos!
¿qué pena de sus ojos apagó los destellos?
¿Por qué es encuentra mustia, pálida y ojerosa
la de frente de nieve y mejillas de rosa?

¿Por qué no se entreabren sus labios de carmín,
para rielar en ellos su sonrisa sin fin?
¿Qué dolor tan agudo su corazón devora?
¿Por qué tan desolada en su aposento llora?

¡Ah! qué de las espinas que taladran el alma
la cruel punzada siente, y ha perdido la calma.
¡Ah! que su bien amado, al que tanto adoró,
con desprecio y olvido su ternura pagó...

¡Y es tan triste la vida, cuando del corazón
la ingratitud proterva arranca una ilusión...
¡Cuando tras ruda lucha y tremendo sufrir
la vemos paso a paso y para siempre huir...

¡Por eso está la pobre tan triste y abatida;
porque de amor y celos se encuentra su alma herida...
y al ver cómo se esfuma su ensueño seductor,
con ese llanto acerbo expresa su dolor...

¡No llores niña hermosa! da tregua a tu pesar;
el duelo de tu alma procura mitigar;
el tiempo, justiciero, será tu defensor,
porque él es el que cobra las deudas del amor.

El que hoy de ti se olvida y desprecia tu llanto,
el que ha sumido tu alma en tan hondo quebranto,
tal vez por una ingrata mañana sufrirá
cual tú por él sufriste, ¡y esa te vengará...!

1909.

El niño muerto

Capricho esdrújulo.

Era una noche lóbrega
y contristaba el ánimo
en nuestra zona tórrida
la ronca voz del ábrego.

En una estancia lúgubre,
junto a un mortuorio tálamo,
llora una madre trémula
a su perdido vástago.

Mira su faz angélica,
mira su cuerpo escuálido,
y un torrente de lágrimas
surca su rostro pálido.

Palpa sus miembros rígidos
besa sus labios cárdenos,
y de vida o espíritu
no percibe ni un átomo.

¡Dolor agudo, insólito
al agobia en grado máximo,
y eleva hasta el altísimo,
su acento triste y lánguido!

—¡¿Por qué, ¡Señor omnímodo!
porqué el destino bárbaro
a mi ángel —dice— róbame,
de mis angustias ávido?

¿Por qué la llama fúlgida
de sus ojos de záfiro,
cual un sudario fúnebre,
han velado sus párpados?

¿Por qué la rosa purpúrea
de su semblante plácido,
ante mi vista atónita
trocóse en lirio cándido?

¿Por qué su voz armónica,
cual un coro seráfico,
ya no agita benévola
mi corazón estático?

¡Ah! que la Muerte, horrífera,
cual un genio satánico,
sobre su frente nítida
posó su labio trágico.

¡Adiós, mi primogénito!
¡mi ya perdido báculo!
a tu mortuoria lápida
irán mis tristes cánticos,

y mi plegaria mística,
¡a los empíreos ámbitos
pidiendo irá solícita
para mi pena bálsamo.

     1910.

La quimera

Ella en mis horas de cruel desvelo,
con tenue paso se acerca a mí;
en mi almohada se posa, y
de luz y gloria, me ofrece un cielo...

Ella piadosa, calma mi anhelo;
a otras regiones me eleva, y
un mundo hermoso me muestra allí,
donde no existen, Miseria y Duelo.

En ese mundo de la *Quimera*
por donde vaga la Fantasía,
vivir soñando siempre, quisiera;

pues de ese modo, no sentiría
la horrible pena que, traicionera
va consumiendo la vida mía...

1921.

¡Más allá!

Sobre las alas del veloz *Pegaso*
que uncido llevo al carro de la gloria,
        quiero con aéreo paso
ascender a la cumbre del Parnaso,
y burilar en ella mi memoria.

Quiero de Safo el entusiasmo ardiente;
la inspiración del inmortal Homero;
       y sonoro, potente
como la catarata o el torrente,
¡lanzar mi canto a los espacios quiero!

Quiero, que atravesando el viejo Atlante,
de mi patria traspase la frontera
       este canto gigante,
y que mi numen, fúlgido, vibrante,
¡logre al fin, dominar a la *Quimera*!

¡Más allá! ¿más alá subir anhelo
en pos de esa Quimera impenetrable,
       y desgarrar el velo
que oculta de la *Fama* el divo cielo,
para gozar su vida perdurable!

Prefiero, a imitación del gran Zorrilla,
a las menguadas pompas mundanales,
       una vida sencilla
y habitar una mísera buhardilla,
mas... ¡rodeada de lauros inmortales!

Quiero que viva la memoria mía,
orlada con la luz resplandeciente
       que benéfico envía
el Genio de la dulce Poesía,
del bardo excelso a iluminar la frente.

¡Más allá! ¡más allá subir anhelo
sobre las alas del veloz Pegaso,

y en atrevido vuelo
escalar de la *Fama* el divo cielo
y sentarme en la cubre del Parnaso...!

Septiembre de 1921.

Musa festiva

Décimas jocosas

Dedicada a mi distinguido amigo Vicente Silveira[1]

Tu «Fe de Erratas» leí
mi buen amigo del alma,
y al meditarla con calma
muy de veras me reí,
pues lo mismo a ti que a mí
y a otros muchos escritores,
con tantas pifias y errores
nos obsequian los cajistas,
que muy pronto, ¡a vender listas
nos mandarán los lectores!

Si a tu niña el apellido
le han robado sin piedad,
esa desgracia, en verdad
a mí no me ha sucedido,
pero en cambio yo he sufrido
a veces, ataques fieros
¡de esos pillos! ¡majaderos!
que, echando por el atajo,
me han cercenado de un tajo
frases, y aun versos enteros!

Ha poco, de intransigente
diz, calificara un nombre,
¡qué dislate! ¡vamos hombre!
¡es preciso estar demente!

---
[1] Vicente Silveira (1848-1928). Poeta afrodescendiente cubano de la segunda y tercera promoción decimonónica.

Después escribo: «inconsciente»
y le anulan el sentido;
por tanto, amigo querido,
que no te cause extrañeza
al R. conque tropieza
de tu niña el apellido.

Ya no es posible sufrir
este horrendo *Letricidio*,
y va derecho al suicidio
el que se pone a escribir,
Tenemos que hacer oír
nuestros profundos clamores,
para que los directores
¡si quiera por caridad,
les exijan equidad
y celo a los correctores!

Pues, a ver, si por descuido
en cualquier trabajo serio
nos hacen un *gatuperio*
y sale un contrasentido,
¿no resulta divertido?
porque, si una pluma *estítica*
cual la mía, ya la crítica
se merece, desde luego
con esto, se le hace el juego
a la «Cómica Política»[2].

---

[2] Se refiere a *La política cómica*, semanario de humor y gráfica cubana creado en 1895. Con varias ediciones y dueños, se imprimió en Santiago de Cuba y con posterioridad en La Habana durante la primera mitad del siglo XX.

Adiós, amigo Vicente,
con admiración sincera,
esta amiga verdadera
te saluda reverente.
Prosigue siempre elocuente
¡prócer de la gaya ciencia!
causando con tu cadencia
a mi alma dulce embeleso,
y dale en mi nombre un beso
a tu adorada Inocencia.

1907.

A UN FÍSICO ESTABLECIMIENTO

Yo que no entiendo de Física
pero sí, entiendo de lógica,
mi contestación explícita,
de manera categórica,
a darle voy a la diátriba
poco galante e insólita,
que nos endilga frenético
nuestro muy amable cólega.
¡Oiga usted, señor pedante!
cuya charla me encocora;
no es preciso, presumido,
que su pluma pecadora,
para anunciar antiguallas,
que esta casa dá de contra

de sus colegas güineros
intente nublar la honra;
pues le podemos probar
con argumentos de sobra,
que no tan rebién, sino
mejor que los suyos, cortan
los sastres de nuestra casa
y los trajes confeccionan.
Venga y verá gran surtido
de telas nuevas y hermosas,
a que no igualan las suyas
todas pasadas de moda.
Y verá la dependencia
fina, atenta y obsequiosa,
que en complacer a las damas
se desvive presurosa;
No dándose nunca el caso
de estar ninguna quejosa,
porque al liquidar las cuentas
le sisen alguna cosa;
Y... en fin, verá al propietario,
que en recompensa harmoniosa
a su galante cumplido,
le manda a la misma porra
y el ofrece una caricia
con la punta de su bota.

1907.

CONTESTACIÓN AL FÍSICO[3]

I.
Tus infundios he leído
¡cólega de mis pecados!
y están tan disparatados
que, ¡por Dios que me he reído!
Por ellos he comprendido
que tú no eres poeta
y, que si te sobra treta
para engañar al marchante,
te falta Musa bastante
para hacer una cuarteta.

II.
Yo, que estoy *aplatanado*
porque soy ya en Cuba viejo,
a darte voy un consejo
que debe ser de tu agrado,
Pon todo esmero v cuidado
en vender tu mercancía;
¡déjate de poesía!
porque, amigo, en esa Ciencia,
estás falto de experiencia
¡y muy verde todavía!

---

[3] Este poema y el anterior vieron la luz en un periódico local bajo el seudónimo de «un Colega», y fueron escritos a petición de un amigo, para protestar por el desprecio que hacía un comerciante de sus colegas, al anunciar sus artículos en su establecimiento [Nota del original].

III.
Si tú me sigues la pista
sin duda me encontrarás;
y entonces comprenderás
que a mí, no hay quien me resista,
Mi pluma siempre está lista
para entrar en el debate;
pero el prevengo *Vate*
que si prosigues la lucha[4]
has de escribir sin palucha,
y sin ningún disparate.

IV.
Aunque yo creo mejor
la polémica transar;
pues sino, vas a sudar
antes que llegue el calor;
y sería gran dolor
que a un joven tan arrogante,
por un esfuerzo gigante
para ponerse a mi altura,
fallándole la costura,
se le zafara el tirante!

1907.

---

[4] En las dos copias consultadas de la obra impresa de Cristina Ayala (Biblioteca de la Universidad de Miami y Biblioteca Nacional de Cuba José Martí) se puede encontrar este verso añadido de forma manuscrita. Se trata evidentemente de una corrección hecha a mano a las copias de este volumen realizada por la autora. La caligrafía de esta corrección se corresponde con la aparecida en la dedicatoria de la copia de la Universidad de Miami.

Carta festiva al Sr. Antonio Valdés, Impresor de *Letras Güineras*

I.
Señor Antonio Valdés:
a Ud respetuosamente
le dirijo la presente
saludándole cortés.
El objeto de ella es,
suplicarle con agrado
que observe con más cuidado
al cajista en sus funciones,
pues mis pobres producciones
a veces ha maltratado

II.
Gasta conmigo unas bromas...!
¿bromas? vamos.... ¡un decir...!
que a veces me hace escribir
sin poner puntos ni comas.
Y así, con estas *Maromas*,
—demonio de consonante—
me ha formado el muy tunante
cada párrafo extendido,
que al leerlo de corrido
el lector queda jadeante

III.
Esto, que a la ortografía
afecta, como Ud. sabe,
escribiendo, es cosa grave
sea en prosa o en poesía.

Cuando la falta sea mía,
justo es que la consecuencia
pague yo, mas... si en conciencia
el trabajo bueno está
y lo mutilan allá,
¿lo he de sufrir con paciencia?

IV.
Por tanto, amigo Valdés,
yo espero de su bondad,
tenga la amabilidad
de acoger con interés
mi súplica, y si es
que, pese a mi suerte mala,
Ud. al atiende, hará gala
puesto que, «Nobleza obliga»,
de ser su ferviente amiga,
su atenta, Cristina Ayala.

1910.

En la brecha

Humorada poética, dedicada al Director de «Escuela y Hogar», Sr. Valentín Cuesta y Jiménez, que me pidió colaboración

Como soldado de fila,
—pues no he de decir «soldada»—
me echo al hombro la mochila,

y acudo firme y tranquila
a tu bélica llamada.

Ya me tienes en la «brecha»,
arma en ristre —digo, pluma—,
pues que de esta lucha, en suma
el final es, ver deshecha
de la ignorancia la bruma.

Con un general VALIENTE
cual tú, yo espero la gloria
de triunfar, y que la historia
de nuestras letras, patente
anote nuestra victoria.

Vayamos, pues, a luchar;
que, en ese noble bregar
de la pluma, hay una cosa
que nos es grato alcanzar;
y es, ¡una fama gloriosa!

Yo celebro a los patriotas
que en campo abierto han peleado
por ver sus cadenas rotas,
y con inspiradas notas
sus hazañas he cantado.

Mas, entre el bravo guerrero
y el literato eminente,
si mucho admiro al primero,
al segundo, lo venero
con entusiasmo ferviente.

Que el literato es el faro
que alumbra la inteligencia;
y de su pluma al amparo,
surge con destello claro
la hermosa luz de la ciencia.

Por eso yo quiero ser...
¿literata? por qué no?
¿que acaso porque soy... YO,
tal vez no pueda obtener
lo que tanto me halagó?

¡Pues quiera el mundo o no quiera,
siempre en la «brecha» estaré
tremolando mi bandera,
y en lo alto de la trinchera
al fin, la colocaré...!

    1912.

La moratoria y las elecciones

Musa popular. Publicada en La Política Cómica

Eso de la moratoria,
junto con las elecciones
se presta a tantas versiones...
que ya pican en historia.

Por Dios, amigo Torriente[5],
que si Cuba sigue así,
no queda un cubano aquí,
que no se vuelva demente.
Doquiera se oye a la gente,
lamentar la triste historia
de su riqueza ilusoria,
que, según lo que presumo,
la va a convertir en humo
eso de la moratoria.

Y por si fuere muy poco
pensar en perder la harina,
también se nos avecina
otro compromiso loco;
pues no se encuentran tampoco
acertadas soluciones
para calmar las pasiones
que, con atroz desenfado,
en Cuba se han desbordado
junto con las elecciones.

Todos pretenden ganar.
Ninguno quiere perder.
Los que escalan el poder
no se lo dejan quitar.
Por eso, al considerar
de estas bravas elecciones
las muchas complicaciones,
bien claro se ve el misterio

---

[5] Se refiere al político cubano Cosme de la Torriente y Peraza (1872-1956).

que en todo sano criterio!
¡se presta a tantas versiones...!

Que si ganó Tiburón
que si el Chino la ganó⁶,
y entre tanto, digo yo:
el conejo en el zurrón.
¡Que es le dé la razón
al que la tenga notoria,
porque, así en la moratoria
como en estas elecciones,
¡son tantas las dilaciones
que ya pican en la historia!

1920.

Ayer y hoy

Cantos nuevos, sobre motivos viejos (imitación)

¡Hace ya mucho tiempo... cierto día,
a su paso, en la calle me encontró,

---

⁶ El Tiburón y el Chino eran apodos con los cuales el público conocía al político cubano José Miguel Gómez (1858-1921). Fue tristemente célebre por su represión militar contra el Partido de los Independientes de Color y por la Guerra de 1912 entre una parte de la comunidad afrodescendiente cubana y el Estado. El escritor Martín Morúa Delgado, de la tercera promoción de autores afrodescendientes decimonónicos, apoyó a José Miguel Gómez contra el albañil y líder sindical Evaristo Estenoz, quien lideró la defensa del Partido de los Independientes de Color.

y al cruzar su mirada con la mía
          su ser se estremeció...

Hoy he vuelto a encontrarle casualmente;
distraído, conmigo tropezó,
yal fijarse en mi rostro, ¡displicente,
          la cabeza volvió...

Negros como la endrina, de cabellos
en mi cofre un mechón guardado está,
que en su viril cabeza eran tan bellos
          treinta y seis años ha...

Hoy contemplé su testa, donde el frío
del invierno su nieve echando va,
y aquellos rizos negros, ¡ay, Dios mío!
          ¡cuanto han blanqueado ya...

Aquel que emocionado me decía,
«si me olvidaras bien del alma, ¿Oh!
¡con ninguna mujer me casaría»...
          ¡con otra se casó!

Hoy pasa por mi lado, indiferente,
el que con tanto fuego me adoró;
y por el suyo, vamos... ¡francamente!
          ¡lo mismo paso yo!

        1924.

Cantos escolares

Canto al café

Tiene mi Cuba plantas muy bellas;
pero entre ellas, la sin rival
es el cafeto, planta preciosa
con granos rosa como el coral.

En esos granos está la vida,
pues la bebida que ellos nos dan,
es un elixir que por su aroma
siempre se toma con grato afán.

Cuando extenuado el caminante
se halle jadeante sin fuerzas ya,
con una taza de café puro
firme y seguro se encontrará.

Esa bebida mejor que el vino,
al campesino le da vigor;
y es la que encuentra más provechosa
cuando reposa de su labor.

Será la caña más productora,
(por más que ahora ya decayó)
será el tabaco de mucho precio
más del aprecio del café, ¡no!

¡Salve cafeto! ¡yo te bendigo
y te prodigo mi adoración,
porque no sólo gusto procuras,
sino que curas el corazón!

¡Salve a tus granos, hermoso arbusto!
Su rico gusto proclamaré,
diciendo en himno que al cielo suba:
¡no hay planta en Cuba como el café!

1920.

A LA PALMA

Cantemos niños
a la palmera
que en la pradera
luce gentil,
ella es del campo
Reina y Señora,
pues atesora
riquezas mil.

Al ver sus pencas,
verdes y suaves,
donde las aves
cantan su amor,
¡a lo infinito
se eleva el alma,
y ama en la palma
al Creador!

Ese es el árbol
que más inspira
porque suspira

al susurrar,
y a muchos bardos
de Cuba, excelsos,
sonoros versos
hizo cantar.

Es su palmiche
grato alimento
que el cerdo hambriento
ve con placer,
y es la comida
más rica y sana,
que en la sabana
puede obtener.

Fue su palmito
muy apreciado
por el soldado
libertador
cuando en su lucha
por nuestra tierra
hizo la guerra
con gran valor.

Sus grandes yaguas
prestan servicios
que beneficios
y utilidad,
dan en el campo
a los vegueros
y a los obreros
en la ciudad.

Los campesinos
con sus tablones
habitaciones
hacen muy bien;
y para el techo,
pencas de guano
con diestra mano
ponen también.

De sus fibrosas
hojas textiles,
objetos miles
se hacen aquí,
mas, ¡sobre todos
está el sombrero,
que compañero
fue del mambí!

Cuando en un tiempo,
los siboneyes
iban, caneyes
a fabricar,
solo empleaban
siempre contentos,
los elementos
que da el palmar.

Y, en fin, la palma
es un emblema
del gran poema
de Redención,
pues ella a Cristo

le dio loores
en los albores
de su Pasión.

¡Salve a tu nombre
gloriosa palma!
y cuando el alma
salga de mí,
¡yo te suplico
que cariñosa,
mi humilde fosa
cubras aquí...

1922.

La escuela

I.
¿Qué es la Escuela? es el lugar
a do acuden día tras día
los niños, con alegría,
su intelecto cultivar.
Es la Cátedra ejemplar
a donde, con precisión,
cumpliendo su alta misión
va el profesor ilustrado
siempre firme y abnegado,
y impartir la educación.

II.
La Escuela ¡Égida santo
que por nuestra gloria vela
y nos proteje! ¡la Escuela,
que a la Sociedad levanta!
Por ella, con firme planta
nuestra juventud florida
puede cruzar de la vida
por la senda tenebrosa,
hasta llegar victoriosa
a la Tierra prometida...

III.
¡Esa Tierra, que vislumbra
el cerebro, en sus anhelos
de querer rasgar los velos
que la envuelven en penumbra.
¡Esa luz viva, que alumbra
la noche de la ignorancia!
¡Esa flor, cuya fragancia
se aspira con embeleso,
cuando vence al retroceso
del estudio la constancia!

IV.
La Escuela es Templo y Sagrario,
donde está perennemente
esa niñez inocente
agitando el incensario.
Es taller, do el lapidario
va cincelando el diamante;
y con su esfuerzo constante,

de una piedra tosca, obscura,
logra hacer por la cultura,
una joya deslumbrante.

v.
Bendigamos a la Escuela,
áncora de salvación,
do brota la ilustración
que nos redime y consuela
Y al sabio que se desvela
por inculcarle su ciencia
al alumno, y con paciencia
o inextinguible cariño
es consagra al tierno niño,
¡rindámosle reverencia!

1924.

Obsequios a *Letras Güineras*

Obsequios ofrecidos a *Letras Güineras*

A su culta Directora Srta. Rosa Trujillo y Arredondo

Me has invitado a que cante
y, ¿qué podré cantar yo,
si ya de mi se alejó
el estro firme y brillante?
¿Quieres que mi voz levante
y de ese cielo radioso
que constela esplendoroso
de Güines el Genio bello,
venga a nublar el destello
con mi canto defectuoso?

Pues si lo quieres así
¡allá te va mi cantar!
pues no te puedo negar
nada que exijas de mí.
Tú sabes, que para ti
es eleva un templo en mi pecho
y que tienes el derecho
de imponerme tu deseo;
que si es justo cual lo creo,
siempre será satisfecho.

Hay una fragante *Rosa*
en el güinero confín,
que es la flor más primorosa,
más admirable y valiosa,
que adorna nuestro jardín.

Toda la suave fragancia
que en su corola se encierra,
la esparce en la tierna infancia;
pues de ella, la ignorancia
con vivo celo destierra.

Un lauro le diera yo
al amante jardinero
que el bello rosal sembró
donde tal rosa nació
por su cuidado y esmero.

Que siempre erguida la vea
en su tallo; y que esa Rosa
en quien tanto se recrea,
¡jamás molestada sea
por abeja ponzoñosa!

                    1909.

LETRAS GÜINERAS

En el quinto aniversario de la fundacion

Hoy celebra, gallardo, su onomástica fiesta,
el más fragante lirio de la hermosa floresta
que aduerme con su arrullo suave y cadencioso
y baña con su linfa, el Mayabeque undoso.

Hoy se engarza otra perla en el collar joyante
que una güinera ilustre lleva altiva y triunfante;

y la diosa sublime llamada *Poesía*
a quien ferviente culto el rinde el alma mía,
viene con su diadema excelsa y luminosa,
a ceñir la alba frente de esa divina Rosa.

Hoy cumplen cinco años, que el exponente bello
de nuestro Güines culto, brilla con el destello
del Sol, y sin ocaso, fúlgido centellea
en el cielo del Arte, dando vida a la Idea.

¡Hossanna! grita el alma, de vivo gozo henchida:
¡que perdure por siglos la fructífera vida
del heraldo constante de lo grande y lo bueno
que en el seno se anida de nuestro vale ameno,
y que la iniciadora de obra tan meritoria,
con planta firme escale la cima de la gloria!

      30 de octubre de 1913.

PARA *LETRAS GÜINERAS*

En el séptimo año de su fundación

Siete años hace que a la luz naciera,
    como flor deliciosa
que matizara la fértil pradera,
como fanal bellísimo, esplendente
    que alumbrara el camino
del viajero perdido en noche obscura,
esta Revista hermosa y celebrada,

　　　　　que de oro esmaltada
vino a mostrar de Güines la cultura.

Siete años hace que, con fe de santa
　　　　　que su nombre acrisola y agiganta,
una estrella genial de nuestro cielo
la sostiene ferviente
　　　　　y a toda decepción indiferente,
marcha con faz erguida
luchando con tesón por darle vida...
consagrándole todo su desvelo...

Esta genial estrella
tan ilustrada como casta y bella,
　　　　　ha ceñido a su frente
do fulge el genio altivo y majestuoso,
¡el laurel ya dos veces victorioso
y la diadema del saber ingente!

Yo he visto con profundo regocijo
premiado ya su esfuerzo soberano,
y que en su afán solícito y prolijo,
　　　　　del Parnaso Cubano
llevada por la dulce Poesía,
　　　　　para darle más lustre
a su estirpe, modelo de hidalguía,
a su estirpe, de rama tan ilustre
　　　　　las gradas ascendía.

Y con orgullo santo
mi humilde voz levanto,
pidiendo a Dios, ¡qué dilatados años

su preciosa Revista
en nuestra Villa exista,
admirada de propios y de extraños!

Octubre 30 de 1915.

A *Letras Güineras*

En su Octavo Aniversario

¡Un año más de vida, un año más de gloria
cuenta *Letras Güineras* en mi valle fértil!
La Revista magnífica de fama ya notoria,
la que encierra en sus páginas, preciosidades mil.

¡El ánfora sagrada, que guarda la memoria
de tanto bardo excelso, de espíritu sutil!
La que en el libro de oro de la cubana historia,
ostentará gallarda su belleza gentil.

¡Un año más... y siempre animosa y serena,
sin que su rostro acuse del cansancio la pena,
prosigue imperturbable su espinoso camino,

la educadora ilustre, la entusiasta cubana
que luchando valiente, con alma de espartana,
a la cumbre la leva de un glorioso destino!

Octubre 30, de 1916.

Letras Güineras

En el noveno aniversario de la fundacion

¿Qué te diré? me llamas, y tu acento
dulce cual una evocación divina
mi alma conmueve y a cumplir me inclina
de un sagrado deber el mandamiento.

Mas... ¿qué puedo decirte, si el tormento
de un pesar incurable me asesina
y si mi lira, un tiempo diamantina
ya solo vibra en funeral lamento?

¡Ah! tengo que decirte que te admiro;
que ejemplo fiel me das de fortaleza,
y que en tu santa abnegación me inspiro.

Por eso, dominando mi tristeza,
lanzo al espacio un armonioso giro,
donde canto tu gloria y tu grandeza.

Octubre 30, de 1917.

A Letras Güineras

En el décimo segundo aniversario de su fundación

Como las princesitas de tiempos medioevales
oían extasiadas, los tiernos madrigales
que a sus plantas rendidos, hermosos trovadores
brindábanlas en prueba de férvidos amores,

así también; ¡oh *Letras*! en tu triunfal carrera,
fervientes homenajes recibes por doquiera;
y en tus nevadas páginas, los bardos a porfía,
las flores de su ensueño te brindan este día.

¡Este día de júbilo! Este día de gloria,
que un año más de vida señalas en la historia
de las galanas letras, en mi vale gentil,
do luces más gallarda que una rosa de abril...

Entre el bouquet magnífico, conque insignes poetas
celebran tu onomástico, coloco estas violetas
que, sino tan hermosas cual otras flores, son
las flores predilectas del noble corazón,

de la que en lucha heróica, gigantesca y constante,
ha sabido labrarte un destino brillante,
y con alma de apóstol y fe de iluminada,
te dirige gloriosa en tu larga jornada,

En su doble corona de escritora y poeta,
más que el laurel simbólico, prefiere la violeta;
porque el numen que mueve su pluma y su laúd,
se inspira en la modestia y en la santa virtud.

Lleva, pues, mis violetas a la genial cantora
y dila, que si llega mi postrimera hora
y su cara existencia perdura todavía,
¡un ramo de ellas ponga, sobre mi tumba fría...

30 de octubre de 1920.

Letras Güineras

En el decimo sexto aniversario de la vida

Diez y seis años cumple la revista güinera
que en sus brillantes páginas, a conocer nos diera
el inmenso tesoro de fuerza intelectual,
de las bellas féminas del Güines cultural.

Hoy entra un nuevo año esta revista hermosa
que del pensil güinero es la flor más valiosa;
y al igual que otros años, viene la lira mía
a celebrar con júbilo su onomástico día.

Lo mejor de mis sueños, ha sido consagrado
a esta querida *Letras*, donde he colaborado
durante largo tiempo con firme devoción,
sintiéndome orgullosa con esta distinción.

Y, si hoy no puedo, asídua, cual otro tiempo hacía,
ofrecerle mis cantos, en este hermoso día
¡no es posible, que deje de cortar con amor
de mi jardín modesto, para ella una flor...

Y en rendido homenaje, a dedicarle vengo
—ya que otro presente de más valor no tengo—
¡esta flor que de mi alma hoy brota perfumada,
y en su nevado seno, pongo regocijada...

Recíbela en prueba de admiración sincera
¡heraldo que pregonas la cultura güinera!
Para ti, mi presente ¡Revista triunfadora!
y siempre mi cariño, para tu Directora...

Octubre 30, de 1923.

Otro aniversario

Hoy vibran en mi alma repiques de campana,
rememorando el día en que, tierna y sencilla
como una flor modesta, en nuestra hermosa villa
su fraternal saludo nos diera la Decana.

¡Esa divina *Letras*, que ya recorre ufana
los ámbitos del mundo, y a todos maravilla!
Que, cual faro radiante, con luz intensa brilla
entre lo más selecto de la Prensa Cubana.

Las glorias de la Patria y también sus dolores
he grabado devota en las hojas parleras
de esta amada Revista; y con tiernos loores

he celebrado siempre sus horas placenteras.

Por eso al contemplarla hoy, cubierta de honores,
la saludo diciéndole: ¡Salve, *Letras Güineras*!

Octubre, 30 de 1924.

PARA *LETRAS GÜINERAS*

(*Mi último obsequio*)

¡Salve otra vez! ¡Revista seductora!
¡Salve otra vez! ¡un año más hoy cuentas!
Un año más, que en nuestra villa ostentas
de Cultura, al Enseña triunfadora...

A tu labor constante y bienhechora;
al ideal sublime que alimentas,
contribuyendo va, tras luchas cruentas...
tu culta y abnegada Directora...

Llegue hasta ella en este fausto día,
con la expresión de su amistad sincera,
el saludo ferviente, que le envía,

otra amante de Apolo, otra güinera
que, ¡en el alcázar de la Poesía
si pudiera igualarla, entrar quisiera!

30 de octubre de 1925.

Cantos Religiosos

Plegaria ante Cristo crucificado

Cristo mi Redentor, ¡yo me prosterno,
a tus plantas, transida de dolor.
Tú, que a la diestra estás del Padre Eterno
         ¡ampárame Señor!

¡Ten piedad buen Jesús! del alma mía
que, llena de profunda contrición,
hoy es abisma, pensando en la agonía
         de tu cruenta Pasión...

Que la sangre preciosa que vertiste
por redimir al mundo pecador;
que la muerte afrentosa que sufriste
         sólo por nuestro amor.

¡No sean perdidas para mí! ¡Dios mío!
yo te imploro postrada ante la cruz,
y en tu sagrado corazón confío.
         ¡Óyeme buen Jesús!

Tú, que sabes los duelos de mi alma,
que ves mi lucha con el mundo impío;
del conturbado corazón, la calma
         vuélveme Cristo mío!

Y, por el llanto acerbo que vertiera
tu Santa Madre en tu Pasión mortal,
¡apártame en mi hora postrimera
         del abismo infernal!

        1920.

A nuestro glorioso patrono San Julián

Venerado Patrono de esta villa
        ¡cuanto te adoro yo!
Desde mi tierna edad, mi alma sencilla
        ¡culto te consagró!

Siempre en tu fiesta espléndida y hermosa
        pensaba con afán,
y en ella, contemplábate gozosa,
        ¡bendito San Julián!

En aquel tiempo, con filial cariño,
        —en mi inocente anhelo
me figuraba, que de todo niño
        eras el santo abuelo—

Y llena de confianza, te pedía
        lo que en la edad florida
constituye del niño la alegría,
        y embellece su vida.

Que me dieras juguetes a montones,
        dulces en profusión;
y que en la escuela, todas mis lecciones
        diera con perfección.

Más tarde, cuando ya la inteligencia
        iluminó mi ser,
y de tu santa potestad, la esencia
        me fue dado entender,

Al ver que por decreto Omnipotente
        eras nuestro Patrón,
¡con un culto más dulce y más ferviente
        te amó mi corazón!

Y te pedía para mi familia
        la paz, el bienestar,
Y todo aquello, conque se concilia
        la dicha en el hogar.

Y hoy que me encuentro sola y desvalida
        ¡te imploro con fervor,
que en los trances amargos de mi vida
        me consuele tu amor!

        1921.

Himno a María al pie de la cruz

Purísima María,
Madre del Salvador,
en este triste día
de tremendo dolor,
quisiera, Madre mía,
que mi ferviente amor,
vertiera en tu agonía
consuelo bienhechor...

Si con mi cruel tormento
pudiera consolar
tu amargo sentimiento
y tu pena calmar.
Si exhalando mi aliento
te pudiera aliviar
¡oh! ¡con cuánto contento
lo hubiera de exhalar...

Mas, no es posible ¡oh Madre!
que encontrar pueda yo,
consuelo que le cuadre
a tu honda pena; ¡no!
Y aunque tu alma taladre
lo que tu hijo sufrió,
Él, de su eterno Padre
¡ya la misión cumplió!

Esa misión sagrada
de nuestro Redentor
y que su alma abnegada
cumplió con tanto amor,
¡es la terrible espada!
la espada del dolor,
que sufres resignada
¡Madre del Salvador!

Pues bien, ¡Madre amorosa!
por tu gran aflicción,
por la muerte afrentosa
de tu hijo y su Pasión,
te imploro fervorosa

de todo corazón,
¡que intercedas piadosa
por nuestra salvación...!

   1923.

A LA SANTÍSIMA VIRGEN MARÍA

En la Gloriosa Resurrección de su Divino Hijo.

¡Ya el sol su luz ardiente ha recobrado!
¡Ya no hay luto en el Orbe: ya María
con intensa y santísima alegría,
ha visto el Hombre-Dios resucitado!

Ya sabe que su Hijo bien amado
después de su cruentísima agonía,
¡subió a la gloria en el tercero día,
y a la diestra del Padre está sentado!

¡Salve Virgen purísima y gloriosa!
¡Reina y Señora de la Tierra y Cielo!
¡Salve, Madre de Dios! ¡Y hoy que, gozosa,

se inunda tu alma en celestial consuelo,
¡permite que a tus plantas, fervorosa,
cante tu gloria, cual lloré tu duelo!

   1923.

En la pasión y muerte de Nuestro Señor Jesucristo

De los olivos santos
   allí en el huerto,
en oblación suprema
   Jesús estaba,
aceptando el martirio
   terrible y cierto,
a que su Eterno Padre
   lo destinaba...

¡Oh! qué dolor tan grande,
   sin precedente,
el que el alma de Cristo
   destrozaría,
al pensar que en su cuerpo,
   siendo inocente,
la más atroz sentencia
   se cumpliría...

Y, no obstante, a su «Padre»
   humilde invoca,
y con tono doliente
   le dice así:
«Si es fuerza que este cáliz
llegue a mi boca,
¡Tu voluntad divina
se cumpla en mí»!

En tan amargo trance,
   con agonía

vio brotar de su cuerpo
        rojo sudor;
¡anuncio de la sangre
        que vertería,
por librar del infierno
        al pecador...

Ya llegan los esbirros,
        acompañados
por el infame Judas
        que los guió.
Y por treinta «dineros»
        de ellos tomados,
al Divino Maestro,
        vil entregó...

A su lado se acerca
        con fin avieso;
y con falso cariño
        e hipocresía,
en su santa mejilla
        le imprime un beso,
¡para que le conozca
        la turba impía...

Como manso cordero
        a ella se entrega
el que de Cielo y Tierra
        era Señor,
Y deja que esa turba
        le insulte ciega,
sin lanzar una queja
        en su dolor...

Los Tribunales no hallan
        de qué acusarle,
y de uno a otro, el «Justo»,
        va en procesión,
pues el pueblo, furioso,
        quiere matarle,
y no admite justicia
        ni compasión.

Al fin llega a Pilatos,
        que lo sentencia
a terribles azotes
        que recibió,
Y ni al ver su dulzura
        y su paciencia,
¡ese pueblo deicida
        se conmovió...

Sigue pidiendo penas
        para el cuitado,
y con manos sacrílegas
        y asesinas,
¡en esa augusta frente,
        ha colocado
una horrible corona
        hecha de espinas...

Después de haberle dado
        tanto martirio,
dijo al pueblo, Pilatos,
        que le absolviera;
pero éste, obcecado,

            en su delirio
gritó, ¡que era preciso
            que muerto fuera...

Y... sentenciado a muerte
            por fin ha sido
el Divino Cordero,
            que el Creador
dispuso que a la Tierra
            fuera venido,
a rescatar el alma
            del pecador...

¡Oh Jesús Nazareno!
            ¡mártir sublime!
¡de estos hijos ingratos
            ten compasión!
¡Nuestra alma del pecado
            salva y redime,
ya que por ella sufres
            Muerte y Pasión!

            1924.

AÚN CANTA

Mi despedida

Canta la viejecita
como en su edad florida;
igual que ayer cantaba

aún hoy cantando va,
y espera confiada
que al terminar su vida,
con el último aliento,
un canto lanzará.

A este precioso valle
ensueño de mi mente,
mis cánticos primeros
amante dediqué,
y mis amores patrios,
con entusiasmo ardiente
bajo sus verdes palmas
siempre firme canté,

Yo llevo dentro el alma,
una templada lira
de cuerdas que vibrantes
notas al aire dan,
y al pulsarla animosa
por lo que amor me inspira,
mis incontables duelos
disipándose van,

Yo no elevo mi canto
para alcanzar la gloria
de figurar cual astro
de inmensa magnitud
en el cielo del Arte
de la cubana historia,
porque no es digno de ello
este pobre laúd.

Yo le canto a mi Cuba
y a mis nativos lares.
A mis nobles hermanos
y a mi cielo sin par.
A mis fértiles campos,
a mis verdes palmares,
y a todo cuanto encuentro
digno de celebrar.

Y con alma de artista
recojo en mi retina
las visiones que en ella
grabando el Arte va,
extrayendo amorosa
esa esencia divina
de que mi humilde lira
siempre impregnada está.

Por eso le dedico
a mi querido Güines
este canto, y le digo:
«¡Pronto te dejaré,
cima hermosa y preciada
de nobles paladines
de las galanas letras,
a las que tanto amé...!

«Pero al dejarte, llevo
en mi alma el contento
de haber sabido amarte
con firme devoción,
pues pienso consagrarte

hasta el postrer momento,
el culto fervoroso
de mi fiel corazón...

Apéndices

Cristina Ayala en fotografía que acompaña la primera edición de *Ofrendas mayabequinas* (1926).

Dedicatoria a la primera edición
de Ofrendas mayabequinas, de Cristina Ayala

A ti, querido Güines, dedico este manojo de humildes violetas, que he ido cultivando durante largo tiempo, junto a las fértiles riberas de tu undoso Mayabeque, arrullada par el suave susurrar de tus alterosas palmeras, y extasiada en la contemplación de tu pintoresco valle.

Para ti, mi patria chica, hago este libro, en donde están compendiados todos los sentimientos de gratitud y admiración que me han inspirado tus nobles hijos, y todos los dolores y alegrías que con ellos he compartido, por más de cuarenta años. Poco o nada nuevo encontraran en él, estos mis coterráneos que lo leyeren; pues dicho libro no es otra cosa, que la recopilación de todos aquellos trabajos poéticos que han sido publicados en periódicos y revistas literarias; pero así y todo, yo espero que al presentarlos en un volumen, alcanzaran la gloria de ser bien acogidos par mis consecuentes amigos y fervientes admiradores.

Más adelante espero publicar en otro volumen —que ya está en preparación— la ofrenda que le he venido consagrando también, a la Patria grande; a esta idolatrada Cuba, que, al igual que tú, ha constituido el objetivo de mis amores, desde que tuve las primeras nociones de lo que es el deber moral y patriótico. Por eso he querido hacer una selección de mis modestos trabajos, para formar con ellos una corona de laurel para mi amada Patria, y este manojo de violetas que hoy te ofrezco.

La autora.

«Me adhiero», de Cristina Ayala[1]

[...] siempre he creído que mientras todos los individuos de nuestra raza no estén en condición de hacerlo, no se eduquen, y por medio de la educación se moralicen, no podremos entrar en el concierto de las sociedades que se titulan cultas, sin que del seno de las mismas se levante alguna voz dispuesta a arrojarnos en cara faltas que, verdaderamente no son más que lamentables consecuencias del triste estado de abyección a que ominosas instituciones sociales nos tenían relegados hasta ahora.

¡Ánimo, pues, y adelante! Y por nuestra parte, amigas queridas, no defraudemos las justas esperanzas que esos individuos de buena voluntad han colocado en nosotras; esforcémonos por secundarles con todo lo que nuestras escasas fuerzas nos permitan en la obra magna que tan bizarramente han emprendido, y aun aquellas de entre nosotras (en cuyo número me cuento) que no nos encontremos adornadas con todas las galas del saber, tratemos de demostrarles que un corazón donde tengan cabida nobles aspiraciones, no puede mostrarse sordo a la voz que le indique el camino del deber y la virtud. Sigamos esas leales aspiraciones, y no tengáis duda de ello, el porvenir será nuestro.

---

[1] En *Minerva. Revista quincenal dedicada a la mujer de color* 2 (7), 1889: 3.

Carta dirigida a Juan Gualberto Gómez, de Cristina Ayala[2]

22 de junio de 1912

Sr. Juan Gualberto Gómez
La Habana

Respetable señor y distinguido amigo,
Después de saludarle con todo el respeto y consideración que usted merece, paso a manifestarle lo siguiente, suplicándole antes me dispense sí distraigo por un momento su atención, con las presentes líneas.

Es el caso respetable amigo, que con motivo de los exámenes que como usted sabe están muy próximos, yo me veo algo apurada pues estoy bastante atrasada y temo no quedar bien. Por esta razón, me atrevo a dirigirme a usted, en suplica que mire a ver si puede hacer algo por mí, pues en primer lugar, siendo yo hoy por hoy la única maestra de color que hay en esta, me sería sensible quedar mal; y en segundo, que no contando con bienes de fortuna ni con padre, hijo ni esposo obligado a socorrerme, ya usted podrá calcular la falta que me hará ganar decorosamente mí subsistencia, para no ser tan gravosa a mí pobre hermano que no cuenta con más recurso que su trabajo, y es un hombre enfermo.

Por todas estas razones amigo mío, yo reitero a usted mi suplica, pues aunque mis conocimientos son limitados, creo que

---

[2] Archivo Nacional de Cuba. Fondo de Adquisiciones, Legajo 11, expediente 414.

para enseñar un primer grado, me bastan los que poseo, sin prejuicio de los que pueda ir adquiriendo, si continúo en el puesto.

Yo me dirijo a usted, porque sé, que aunque en la actualidad está algo distanciado de ciertos elementos importantes en este asunto por motivo de la política, siempre es usted el hombre de los grandes prestigios y el que por sus condiciones especiales, está más capacitado para servirme en este caso, poniendo en juego su reconocido talento, notoria ilustración é incontrastable influjo en obsequio de mí porvenir y por honor de nuestra raza.

Seguramente usted sabrá en la forma que se dice han de ser estos exámenes; sí esto se cumple, el examinando no podrá saber su número, y por lo tanto, no es posible recomendarlo a nadie: además, cada uno de los trabajos correspondientes a distintas asignaturas, será calificado por distintos Tribunales.

Interesa pues en ese caso, saber con anticipación el número que el Presidente del Tribunal de Examen le asignará al examinando, y después tener conocimiento e influencia con individuos de los Tribunales calificadores para hacer la recomendación.

Yo comprendo amigo apreciable, que esto implica grandes molestias; pero el mérito de una victoria está en la dificultad para obtenerla, para los grandes males son los grandes remedios. Esto no obsta, para que sí usted cree que con tomar iniciativa en este asunto pueda sufrir algún disgusto u otro perjuicio, dé como retirada mi suplica, pues antes que el bien material, están el decoro y la dignidad.

Yo confío en que si salgo aprobada, tendré seguro el puesto, a pesar del derecho que tiene la Junta de poner a quien quiera, pues en primer lugar, la opinión está a mí favor, y en segundo, mi hermano que pertenece al Partido Independiente, ha contribuido mucho en unión los demás a la colocación de dos miembros de dicho Partido en la Junta de Educación, los cuales me apoyarán.

Sin otro particular y suplicándole otra vez tenga la bondad de dispensarle la confianza que se toma, queda esperando su contesta e instrucciones, su respetuosa amiga y ferviente admiradora,

C. Ayala
24 S/C Separada 18 Güines.

Prólogo a la primera edición de *Ofrendas mayabequinas*, por Valentín Cuesta Jiménez

La publicación de este libro, «el libro de la poetisa», es la primera que en estos tiempos se verifica llevando firma de mujer para exteriorizar que el arte de la Avellaneda entre nosotros, por ellas también se cultiva; la publicación de este libro de Cristina Ayala, tiene para el prologuista una doble significación, que le congratula.

Es la primera, la de ver consumado un anhelo. La obra poética de Cristina Ayala no merecía la extensa, reiterada, informe situación de «andar desperdigada por las colecciones de los periódicos locales y nacionales que se han publicado de treinta años a la fecha, sin la «unidad» que ahora adopta. La fecunda cosecha de bellezas que el plectro de Cristina ha producido en ese largo tiempo, estaba clamando le reintegración en un todo: la compilación, que sirve mejor para aquilatar la dignidad del esfuerzo y la grandeza de la obra. El libro escalona en sus páginas, cronológicamente, el proceso formal de un ingenio laborioso y de un numen en perenne juventud. En el libro se ve cómo se acrisola, se mejora y robustece año por año. Imagen es de esos manantiales sempiternos, engendradores de las caudalosas corrientes murmurantes, siempre frescas, que se ahondan más y más en sus cauces, camino hacia la inmensidad del Océano...

Así verá el lector en este libro deslizarse la vena de un clarísimo manantial de inspiraciones e idealidades estéticas: el verso de Cristina, numen único entre los que entre nosotros cultivan el arte supremo de la palabra y de la idea, convirtiéndola en rara gema, en belleza sin par, en iris de paz, en ígnea reptación de centella deslumbradora... arte que es fuego, arrobamiento y exaltación, tal como es el alma, que es quien lo trabaja y comprende.

La otra significación que el libro tiene para el que recibe el altísimo honor de abrirlo con este modestísimo prólogo, está en el hecho de poder repetir desde él un juicio, que tiene el gran valor de ser sincero.

La producción de Cristina Ayala, la poetisa mayabequina, nuestra hermana en la familia de los que en Güines escriben, no es superada por aquellos. Leal pensamiento nuestro, que se corrobora analizando esta tesis, que es básica para todo juicio que plantee la conciencia. Leer a Cristina es sentir con Cristina. Sentir, es admirarla. Admirarla es vibrar como ella vibra, en el arrebato de la admonición patriótica, en el tremor glorioso del misticismo consolador, en el psiquismo febril y emotivo de la romántica ensoñación, y en el ensalmo lírico, risueño y juvenil... Fenómenos estos, de compenetración del lector con el autor por el puente del verso, que vemos raras veces producirse en medio de la pródiga, abundantísima, producción poética de la «hora actual» en el seno de Güines literario; inconsecuentes los autores no sólo por el título de sus obras, sino que, también, en modo y forma, con «la necesidad espiritual de sus lectores», defraudados las más de las veces en sus peticiones estéticas cuando leen la regalada primicia de tales ingenios. Leyendo a Cristina, repetimos, se siente lo que ella siente». Y, ella, siente siempre, porque espiga en el campo exhuberante y magnífico de la espiritualidad más exquisita.

Débese a esto (y el lector lo comprobará por sí mismo al escanciar las ánforas líricas de este regalo de embriagantes mieles de Halicona) que la ofrenda de las admiraciones colectivas sean para Cristina, «ganadas por Cristina misma», en el secreto desposamiento de los espíritus iguales, el de la madre, o el de la novia; el del patriota, el del efebo o el del anciano, el hombre, en fin, cuando oran sintiendo ante el altar de la belleza; cuando reciben por sus versos y en el cálido regazo de sus lucubraciones, la comunión; en la hostia y el vino sagrados que la sacerdotisa ofrece, transfigurada, en sus psalmos rotundos y armoniosos.

Septiembre 1926.

Vicente Silveira, fotografía incluida en *Vicente Silveira. El patriarca de los poetas de Occidente*, de Armando Guerra (1921).

A LA CULTA POETISA SRITA. CRISTINA AYALA, DE VICENTE SILVEIRA[3]

¿Qué música celeste despierta en mi memoria
Recuerdos de la gloria con que joven soñé
¿Qué musa mi entusiasmo, ya muerto, galvaniza?
¿Qué numen, vigoriza mi vacilante fe?

Es el sublime acento de una feliz cantora,
La amante de la Aurora, la güinera gentil,
La que dando a las brisas un cantico sonoro,
Hiere con plectro de oro su lira de marfil.

Los versos de Cristina son lirios perfumados
Al curso regalados de límpido raudal;
Son perlas exquisitas que Sílfides y Hadas
Derraman extasiadas sobre terso cristal;

Son castas vibraciones que por el éter flotan
Y que, a espacirse, brotan de místico laúd,
Porque, sensible y pura la poetisa hermosa,
Su mente luminosa se inspira en la virtud.

Se inspira en sentimiento de amor y patriotismo,
Brillando en su idealismo la luz del Sinaí,
Y, con las graves notas de tétrica elegía,
Llora el funesto día postrero de Martí.

---

[3] En Silveira, Vicente (1910): *Florescencias de invierno*. Guanajay: Papelería e Imprenta La 2da Prueba: 69-71.

¡Cómo habla á nuestro espíritu el canto de la Maga!
¡Cuán tiernamente halaga su acento al corazón!
Sus plácidas estrofas alcanzan alto vuelo
Porque acaricia el Cielo su santa inspiración!

¡Oh Cuba, patria mía, con cuánto regocijo
A fuer de amante hijo, que en tu dolor sufrí,
Bendigo, al saludarte con efusión sincera,
La venturosa era que empieza para ti!

Porque es, sin duda, nota de altísimo relieve,
En que fijarse debe la atenta Humanidad,
La pléyade brillante que surge á la cultura
En la porción obscura de nuestra sociedad.

Constelación radiante gallardos constituyen
Y luces distribuyen, á cambio de un laurel,
Ramírez Ros, Ordoñez, Medina, Gualba, Heras,
Pérez, Díaz, Figueras, Padilla, Escoto, Bravo
Y entre otros cien que alabo, Edreira y Despradel.

¿Y en el Cielo encantado de la diva Hermosura?
En él también fulgura siderea agrupación.
Entre esas prominentes, que son de Cuba gala,
Están Cristina Ayala y Caridad Chacón!

En su historia guerrera tiene Cuba un Maceo
Y ya por su Ateneo un Gómez vio pasar;
Y en su Congreso el pueblo el mérito valúa
De un Campos, de un Morúa y de un Risquet al par

En rápido automóvil la juventud avanza:
Se llama «La Esperanza» su máquina ideal;
Su vía es el estudio; su término «El Progreso»
Y lleva en su proceso el bien universal.

Ve el águila, cansada por enfermiza y vieja,
Su prole, que se aleja por la vaga extensión,
Y aplaude su arrogancia y acaso á Dios implora
Que no ruja en mal hora furioso el aquilón.

Cristina, vi tu imagen en página selecta,
Bellísima y perfecta, simulando estudiar.
Así, en tiempo pasado, otra ilustre cubana,
La Pérez de Zambrana, se quiso retratar.
Así: —Siempre leyendo encontrarás á Luisa.
La dulce poetisa decía á su pintor,
Y así: —Siempre leyendo veremos á Cristina—
Por tí, joven divina, dirá tu admirador.

Hija del Mayabeque, Nayade encantadora
Que quieres de la Aurora la luz, al fenecer,
Aplausos calurosos á tu talento envía
El que, en tu obsequio, haría las rocas florecer.

Bibliografía

AGUILAR DORNELLES, María Alejandra (2016): «Heroísmo y conciencia racial en la obra de la poeta afrocubana Cristina Ayala». En *Meridional. Revista chilena de estudios latinoamericanos* 7: 179-202.
— (2018): «Educadora, poeta y defensora de los derechos de los afrocubanos: aproximaciones a la obra de Cristina Ayala». En *XIII Jornadas Nacionales. VIII Congreso Iberoamericano de estudios de género: horizontes revolucionarios, voces y cuerpos en conflicto*. Buenos Aires: Instituto Interdisciplinario de Estudios de Género, Universidad Nacional de Quilmes, Instituto de Investigaciones Gino Germani: s/p.
— (2020): «Memoria histórica y justicia social: el proyecto intelectual de la poeta afrocubana Cristina Ayala». En *Poemas y cantos: Antología crítica de poetas afro-latinoamericanas*. Bogotá: Biblioteca Nacional de Colombia: s/p.
AYALA, Cristina (1926): *Ofrendas mayabequinas*. Güines: Imprenta Tosco Heraldo.
BARCIA ZEQUEIRA, María del Carmen (2009): *Mujeres al margen de la historia*. La Habana: Ciencias Sociales.
— (2011): «Mujeres en torno a Minerva». En Rubiera Castillo, Daysy & Martiatu, Inés María (eds): *Afrocubanas: historia, pensamiento y prácticas culturales*. La Habana: Ciencias Sociales: 77-92.
BOLOÑA, José Severino (ed.) (1833): *Colección de poesías de un aficionado a las musas*. Volumen 2. La Habana: Oficina de José Boloña.
CALCAGNO, Francisco (1878a): *Diccionario biográfico cubano*. La Habana: Imprenta y librería de N. Ponce de León.
— (1878b): *Poetas de color*. La Habana: Imprenta Militar de la V. de Soler y Compañía.
— (1878c): «Poetas cubanos. Juan Francisco Manzano». En *Revista de Cuba*. IV: 456-477.
CALLAHAN, Monique-Adelle (2008): «Race and redemption in 19th century "American" poetry across the Americas: Francis Harper's

"Deliverance" and Cristina Ayala's "Redención"». En *Negritud: Revista de Estudios Afro-Latinoamericanos* 2 (1): 44-63.

Camacho, Jorge (2022): «Los poemas inéditos de una esclava. Literatura y archivo policial en Cuba». En *Espacio laical* 1-2: 99-104.

Cervantes, Carlos Alberto (1927): *Plácido y Cristina Ayala: Disertación histórico-crítica, leída en la noche del 28 de junio de 1927 en el salón de actos de la Unión Fraternal*. La Habana: Imprenta Estrella.

DeCosta-Willis, Miriam (ed.) (2003): *Daughters of the Diaspora: Afro-hispanic writers*. Kingston: Randle.

— (ed.) (2011): *Blacks in Hispanic literature. Critical essays*. Baltimore: Imprint Editions.

Echemendía, Ambrosio (1865): *Murmuríos de Táyaba*. Trinidad: Oficina tipográfica de Rafael Orizondo.

— (2019): *Poesía completa. Edición, estudio introductorio y apéndices documentales de Amauri Gutiérrez Coto*. Leiden: Almenara.

Edreira de Caballero, Angelina (1938): *Antonio Medina, el don Pepe de la raza de color*. La Habana: Imprenta Molina y Cía.

Fernández Robaina, Tomás (2012): «En las páginas de Minerva». En *Mujeres* 2: 84-88.

Guerra, Armando [Francisco Martín Llorente] (1921): *Vicente Silveira, patriarca de los poetas de occidente*. Artemisa: Imprenta Robainas.

— (1938): *Presencia negra en la poesía popular cubana del siglo XIX: conferencia leída en la sesión pública celebrada por la «Sociedad de estudios afrocubanos», el 19 de 1938, en el Club Atenas*. La Habana: Alfa.

— (1939): «Presencia negra en la poesía popular cubana del siglo XIX». En *Estudios afrocubanos* 3: 16-27.

Gutiérrez Coto, Amauri (2024): *Canon, historia y archivo. Volumen I. La segunda promoción de escritores afrodescendientes en el siglo xix cubano*. Leiden: Almenara.

Labrador-Rodríguez, Sonia (1996): «La intelectualidad negra en Cuba en el siglo XIX: el caso de Manzano». En *Revista Iberoamericana* 62 (174): 13-25.

Montejo Arrechea, Carmen (1998): «Minerva: a magazine for women (and men) of color». En Brock, Lisa & Castañeda Fuertes,

Digna (eds.): *Between race and empire. African-Americans and Cubans before the Cuban Revolution*. Philadelphia: Temple University Press: 33-48.

Morabito, Valeria (2019): *Yearning for freedom. Afro-descendant women writers at the edge of transatlantic slavery*. Tesis doctoral. Università di Bologna in cotutela con l'Università di Granada

Morúa Delgado, Martín (1881): *Colección de artículos escritos para «El Pueblo», por su director*. Key West: Imprenta El Obrero.

— (1891): *Sofía. Cosas de mi tierra*. Vol. 1. La Habana: Imprenta de A. Álvarez y Comp.

— (1892): *Impresiones literarias. Las novelas del Sr. Villaverde*. La Habana: Imprenta de A. Álvarez y Cía.

— (1901): *La familia Unzúazu. Cosas de mi tierra*. La Habana: Imprenta La Prosperidad.

— (1957): *Obras Completas*. 5 vols [Edición de la Comisión Nacional del Centenario de Martín Morúa Delgado]. La Habana: Imprenta Nosotros.

Silveira, Vicente (1874): *Flores y espíritus*. La Habana: Imprenta de Evaristo Valdés.

— (1910): *Florescencias de invierno*. Guanajay: Papelería e Imprenta «La 2da Prueba».

Tinajero, Araceli (2006): «*El siglo*, la *Aurora* y la lectura en voz alta en Cuba 1865-1868». En *Revista Iberoamericana* 72 (214): 171-183.

Catálogo Almenara

AGUILAR, Paula & BASILE, Teresa (eds.) (2015): *Bolaño en sus cuentos.* Leiden: Almenara.

AGUILERA, Carlos A. (2016): *La Patria Albina. Exilio, escritura y conversación en Lorenzo García Vega.* Leiden: Almenara.

AMAR SÁNCHEZ, Ana María (2017): *Juegos de seducción y traición. Literatura y cultura de masas.* Leiden: Almenara.

ALFONSO, María Isabel (2025): *Antagonías de una exclusión. Ediciones El puente y los vacíos del canon literario cubano.* Leiden: Almenara.

ARROYO, Jossianna (2020): *Travestismos culturales. Literatura y etnografía en Cuba y el Brasil.* Leiden: Almenara.

BARRÓN ROSAS, León Felipe & PACHECO CHÁVEZ, Víctor Hugo (eds.) (2017): *Confluencias barrocas. Los pliegues de la modernidad en América Latina.* Leiden: Almenara.

BLANCO, María Elena (2016): *Devoraciones. Ensayos de periodo especial.* Leiden: Almenara.

BRIOSO, Jorge (2024): *La destrucción por el soneto. Sobre la poética de Néstor Díaz de Villegas.* Leiden: Almenara.

BURNEO SALAZAR, Cristina (2017): *Acrobacia del cuerpo bilingüe. La poesía de Alfredo Gangotena.* Leiden: Almenara.

BUSTAMANTE, Fernanda & GUERRERO, Eva & RODRÍGUEZ, Néstor E. (eds.) (2021): *Escribir otra isla. La República Dominicana en su literatura.* Leiden: Almenara.

CABALLERO VÁZQUEZ, Miguel & RODRÍGUEZ CARRANZA, Luz & SOTO VAN DER PLAS, Christina (eds.) (2014): *Imágenes y realismos en América Latina.* Leiden: Almenara.

CALOMARDE, Nancy (2015): *El diálogo oblicuo: Orígenes y Sur, fragmentos de una escena de lectura latinoamericana, 1944-1956.* Leiden: Almenara.

Camacho, Jorge (2019): *La angustia de Eros. Sexualidad y violencia en la literatura cubana*. Leiden: Almenara.

Campuzano, Luisa (2016): *Las muchachas de La Habana no tienen temor de dios. Escritoras cubanas (siglos XVIII-XXI)*. Leiden: Almenara.

Casal, Julián del (2017): *Epistolario. Edición y notas de Leonardo Sarría*. Leiden: Almenara.

Castro, Juan Cristóbal (2020): *El sacrificio de la página. José Antonio Ramos Sucre y el arkhé republicano*. Leiden: Almenara.

— (2025): *Fisuras en la máquina soberana. Intervenciones estéticas sobre la Venezuela moderna*. Gainesville: Almenara.

Corbatta, Jorgelina (2025): *Autoficción, intertextualidad, psicoanálisis. De Doubrovsky hasta Bolaño en viaje de ida y vuelta*. Gainesville: Almenara.

Cuesta, Mabel & Sklodowska, Elzbieta (eds.) (2019): *Lecturas atentas. Una visita desde la ficción y la crítica a las narradoras cubanas contemporáneas*. Leiden: Almenara.

Churampi Ramírez, Adriana (2014): *Heraldos del Pachakuti. La Pentalogía de Manuel Scorza*. Leiden: Almenara.

Deymonnaz, Santiago (2015): *Lacan en el cuarto contiguo. Usos de la teoría en la literatura argentina de los años setenta*. Leiden: Almenara.

Díaz Infante, Duanel (2014): *Días de fuego, años de humo. Ensayos sobre la Revolución cubana*. Leiden: Almenara.

Echemendía, Ambrosio (2019): *Poesía completa. Edición, estudio introductorio y apéndices documentales de Amauri Gutiérrez Coto*. Leiden: Almenara.

Fielbaum, Alejandro (2017): *Los bordes de la letra. Ensayos sobre teoría literaria latinoamericana en clave cosmopolita*. Leiden: Almenara.

Garbatzky, Irina (2025): *El archivo del Este. Desplazamientos en los imaginarios de la literatura cubana contemporánea*. Leiden: Almenara.

García Vega, Lorenzo (2018): *Rabo de anti-nube. Diarios 2002-2009. Edición y prólogo de Carlos A. Aguilera*. Leiden: Almenara.

Garrandés, Alberto (2015): *El concierto de las fábulas. Discursos, historia e imaginación en la narrativa cubana de los años sesenta*. Leiden: Almenara.

Giller, Diego & Ouviña, Hernán (eds.) (2018): *Reinventar a los clásicos. Las aventuras de René Zavaleta Mercado en los marxismos latinoamericanos*. Leiden: Almenara.

Greiner, Clemens & Hernández, Henry Eric (eds.) (2019): *Pan fresco. Textos críticos en torno al arte cubano*. Leiden: Almenara.

González Echevarría, Roberto (2017): *La ruta de Severo Sarduy*. Leiden: Almenara.

Gotera, Johan (2016): *Deslindes del barroco. Erosión y archivo en Octavio Armand y Severo Sarduy*. Leiden: Almenara.

Gutierrez Coto, Amauri (2024): *Canon, historia y archivo. Volumen I. La segunda promoción de escritores afrodescendientes en el siglo XIX cubano*. Leiden: Almenara.

Hernández, Henry Eric (2017): *Mártir, líder y pachanga. El cine de peregrinaje político hacia la Revolución cubana*. Leiden: Almenara.

Inzaurralde, Gabriel (2016): *La escritura y la furia. Ensayos sobre la imaginación latinoamericana*. Leiden: Almenara.

Kraus, Anna (2018): *sin título. operaciones de lo visual en 2666 de Roberto Bolaño*. Leiden: Almenara.

Loss, Jacqueline (2019): *Soñar en ruso. El imaginario cubano-soviético*. Leiden: Almenara.

Lupi, Juan Pablo & Salgado, César A. (eds.) (2019): *La futuridad del naufragio. Orígenes, estelas y derivas*. Leiden: Almenara.

Machado, Mailyn (2016): *Fuera de revoluciones. Dos décadas de arte en Cuba*. Leiden: Almenara.

— (2018): *El circuito del arte cubano. Open Studio I*. Leiden: Almenara.

— (2018): *Los años del participacionismo. Open Studio II*. Leiden: Almenara.

— (2018): *La institución emergente. Entrevistas. Open Studio III*. Leiden: Almenara.

Mateo del Pino, Ángeles & Pascual, Nieves (eds.) (2022): *Material de derribo. Cuerpo y abyección en América Latina*. Leiden: Almenara.

Montero, Oscar J. (2019): *Erotismo y representación en Julián del Casal*. Leiden: Almenara.

— (2022): *Azares de lo cubano. Lecturas al margen de la nación*. Leiden: Almenara.

Morejón Arnaiz, Idalia (2017): *Política y polémica en América Latina. Las revistas Casa de las Américas y Mundo Nuevo*. Leiden: Almenara.

Muñoz, Gerardo (ed.) (2022): *Giorgio Agamben. Arqueología de la política*. Leiden: Almenara.

Pérez-Hernández, Reinier (2014): *Indisciplinas críticas. La estrategia poscrítica en Margarita Mateo Palmer y Julio Ramos*. Leiden: Almenara.

Pérez Cano, Tania (2016): *Imposibilidad del* beatus ille. *Representaciones de la crisis ecológica en España y América Latina*. Leiden: Almenara.

Pérez Cino, Waldo (2014): *El tiempo contraído. Canon, discurso y circunstancia de la narrativa cubana (1959-2000)*. Leiden: Almenara.

Popovic Karic, Pol (2020): *Confluencias del contraste y la ironía en la narrativa y el teatro hispánicos*. Leiden: Almenara.

Puñales Alpízar, Damaris (2020): *La maldita circunstancia. Ensayos sobre literatura cubana*. Leiden: Almenara.

Quintero Herencia, Juan Carlos (2016): *La hoja de mar (:) Efecto archipiélago I*. Leiden: Almenara.

— (2021): *La máquina de la salsa. Tránsitos del sabor* [edición ampliada y revisada]. Leiden: Almenara.

Quintero Herencia, Juan Carlos (ed.) (2024): *Desistencia y polémica en el Caribe. Imagen, crítica, política*. Leiden: Almenara.

Ramos, Julio & Robbins, Dylon (eds.) (2019): *Guillén Landrián o los límites del cine documental*. Leiden: Almenara.

Ribas-Casasayas, Alberto & Luengo, Ana (eds.) (2025): *Otras iluminaciones. Narrativa, cultura y psicodélicos*. Gainesville: Almenara.

Rivera, Fernando (2025): *El cuerpo anudado. Objetificación y uso político de los cuerpos en los Andes*. Gainesville: Almenara.

Robyn, Ingrid (2020): *Márgenes del reverso. José Lezama Lima en la encrucijada vanguardista*. Leiden: Almenara.

Rojas, Rafael (2018): *Viajes del saber. Ensayos sobre lectura y traducción en Cuba*. Leiden: Almenara.

Selimov, Alexander (2018): *Derroteros de la memoria. Pelayo y Egilona en el teatro ilustrado y romántico*. Leiden: Almenara.

Timmer, Nanne (ed.) (2016): *Ciudad y escritura. Imaginario de la ciudad latinoamericana a las puertas del siglo xxi.* Leiden: Almenara.
— (2018): *Cuerpos ilegales. Sujeto, poder y escritura en América Latina.* Leiden: Almenara.
Tolentino, Adriana & Tomé, Patricia (eds.) (2017): *La gran pantalla dominicana. Miradas críticas al cine actual.* Leiden: Almenara.
— (2023): *La gran pantalla dominicana. Volumen ii. La ebullición creativa en el cine nacional (2010-2022).* Leiden: Almenara.
Vizcarra, Héctor Fernando (2015): *El enigma del texto ausente. Policial y metaficción en Latinoamérica.* Leiden: Almenara.

www.ingramcontent.com/pod-product-compliance
Lightning Source LLC
Chambersburg PA
CBHW020610300426
44113CB00007B/587